Antecedentes históricos para una lectura de Freud

Hasta cierto punto, los problemas son los que se espera en la lectura de las obras europeas de casi cualquier tipo que son de 35 a más de f0 años. Una cierta terminología está destinada a ser anticuado, algunas referencias a obras científicas o literarias o después - los acontecimientos actuales que Freud podría asumir sus lectores contemporáneos conocían transmitir nada por más tiempo o incluso dar impresiones engañosas; y un lector americano que no conoce a los clásicos de la literatura continental es especialmente para discapacitados. En gran medida, pero no completamente, la dirección editorial devoto de Strachey prevé este tipo de problemas y sus notas al pie proporciona explicaciones útiles.
Otros problemas surgen de la costumbre de Freud de vez en cuando el supuesto de que el lector supiera
sus obras anteriores, incluso sus inéditos. Por lo tanto, una gran cantidad que fue desconcertante acerca
Capitulo 7 de La interpretación de los Sueños (Freud, 1900) ee.g., su referencia a la indefinido y sin explicación - systemsebecame inteligible sólo después de la publicación tardía
del kProjecti (Freud, 1F95). Pero en cualquier caso, muchos estudiosos de Freud han señalado
la necesidad de leerlo seguentially. Su pensamiento no se puede entender si su
el desarrollo de ideas se toman fuera de su propio contexto. Afortunadamente, el cronológico
ordenamiento de la edición estándar y de estos resúmenes alienta tal lectura.

El desarrollo de ideas de Freud
Hubo cuatro fases principales y coincidentes de los trabajos científicos de Freud:

. 1 Su obra prepsychoanalytic, que duró cerca de 20 años, se puede subdividir en un 10 años de iniciales principalmente histológico - investigación anatómica y una parte de solapamiento 14 años de neurología clínica, con cada vez más atención a la psicopatología, a partir de 1ff6 cuando regresó de París.
2. La primera teoría de la neurosis se remonta a la década de los años 1f90, cuando Freud utilizó
la hipnosis y el método catártico de Breuer de la psicoterapia, desarrollando gradualmente la
métodos psicoanalíticos de la asociación libre, interpretación de los sueños, y el análisis de
transferencia. Los primeros trabajos Dolen verdaderamente psicoanalíticas aparecieron durante este tiempo,
exponer la opinión de que la neurosis es una defensa contra los recuerdos intolerables de un traumático
experienceeinfantile seducción a manos de un pariente cercano. Con el descubrimiento de su

propio complejo de Edipo, sin embargo, Freud llegó a ver que esos informes de sus pacientes eran
fantasías, que le llevó a dirigir su interés lejos de acontecimientos traumáticos en la realidad externa
y hacia la realidad psíquica subjetiva . Un acontecimiento notable , pero sólo recientemente descubierto en el
desarrollo del pensamiento de Freud se dio en 1F95 después de la publicación del libro que
escribió con Breuer. Él escribió , pero no publicó un kPsychology para Neurologistsi (o kProject para una psicología científica , i de aquí en adelante llamada simplemente kEl Projecti), presentando un
anatómica completa - modelo fisiológico del sistema nervioso y su funcionamiento
en el comportamiento normal, pensó , y los sueños , así como en la histeria . Él envió a su amigo
Fliess en gran excitación , y luego se convirtió en guickly desalentado por las dificultades de crear una
psicología mecanicista y reduccionista profunda . Él vanamente con el modelo de una
par de años en las cartas a Fliess , y finalmente se dio por vencido .

El cambio de siglo marcó muchos cambios básicos en la vida y la obra de Freud : él

cortado sus amistades cercanas y dependientes con colegas (primera Breuer , entonces Fliess) y sus contactos con la sociedad médica de Viena ; su padre murió ; su último hijo nació ; él psychoanalyled sí mismo; renunció a la práctica neurológica , la investigación y los modelos conceptuales ; y creó su propia nueva profesión , el método de la investigación y la teoría , en términos de los que trabajó a partir de entonces .
3 . Modelo topográfico de Freud del aparato kpsychic " fue la fundación de dos décadas de trabajo durante el cual publicó sus principales descubrimientos clínicos : en particular , los
Interpretación de los sueños (1900) y Tres ensayos para una teoría sexual (1905b); su
documentos sobre el technigue utilizado en el tratamiento psicoanalítico ; sus cinco historias principales de caso; la
las obras centrales de la metapsicología ; y una serie de encuestas y popularilations de importantes
sus ideas , además de sus principales aplicaciones de sus teorías a las bromas , la literatura y el arte,
biografía y la antropología . Una explicación completa o metasicológico , Freud escribió en
1915 , reguires kdescribing un proceso psíquico en su dinámica , topográficos y económica
aspectos ethat " es, en términos de un modelo teórico en el que los conceptos centrales son

fuerzas psicológicas , estructuras y guantities de energía (Rapaport m Gill, 1959) . Por lo tanto ,
hablamos de tres puntos de vista metapsicológicos . El modelo topográfico , que era primero se establece en el Capítulo 7 de La interpretación de los sueños y se desarrolló más ampliamente en
los papeles metapsicológicos de 1915 , conceptualiles pensamiento y comportamiento en términos de
procesos en tres sistemas psicológicos : el consciente , preconsciente e inconsciente (ninguno de los cuales tiene un locus explícita en el cerebro) .
4 . En el período final, entre las dos guerras mundiales , Freud hizo cuatro tipos principales de
contribución : la forma final de su teoría de los impulsos instintivos (Más allá del placer

Principio. 1920); un grupo de importantes modificaciones tanto theoryemost general y clínica en particular , el modelo estructural del aparato psíquico (El yo y el ello , 1923) y la teoría de la ansiedad y la defensa (Inhibición, síntoma y angustia , 1926a); aplicaciones del psicoanálisis a los problemas sociales de mayor envergadura; y un grupo de libros de revisar y reformular sus teorías.
Para comprender la estructura de la obra de Freud , es útil no sólo para adoptar un enfoque de este tipo de desarrollo , sino también para ver sus teorías desde la perspectiva de la siguiente clasificación triple.
En primer lugar y más conocida es la teoría clínica del psicoanálisis , con su psicopatología , sus cuentas del desarrollo psicosexual y la formación del carácter , y similares. El objeto de este tipo de theoriling consta de grandes eventos (tanto reales como fantaseadas) en las historias de vida de las personas , los acontecimientos que ocurren durante períodos de tiempo que van desde días hasta décadas. Esta teoría es la acción en el comercio de la clinicianenot sólo el psicoanalista , pero la gran mayoría de los psiquiatras , psicólogos clínicos y trabajadores sociales psiquiátricos. Sin apretar denominado kpsychodynamics , i incluso ha penetrado en la psicología académica en general a través de los libros de texto sobre la personalidad .
En segundo lugar, existe lo que Rapaport (1959) ha llamado la teoría general del psicoanálisis,
también llamado metapsicología . Su tema matterprocesses en una hipotética psíquica
aparatos o , a veces, en el braineis más abstracto e impersonal ; y los períodos de tiempo involucrado son mucho fracciones shorterefrom de segundo hasta un par de horas . la
procesos atendidos son en su mayoría los que ocurren en los sueños , el pensamiento , el afecto y la defensa.
El razonamiento de Freud en la elaboración de esta teoría es mucho más cerca , y él hizo un mayor uso de

modelos teóricos del aparato psíquico . Las principales obras son el kProject para un Psicología Científica , i el Capítulo 7 de La interpretación de los sueños , y la papeles metapsicológicos .
En tercer lugar está lo que podríamos llamar la teoría filogenética de Freud. El tema es el hombre
como especie o en grupos , y los períodos de tiempo que supone rango de generación en eones.
Aquí hay grandes especulaciones de Freud , en gran parte de la evolución y teleológica en carácter.
No contienen modelos explícitos de un aparato psíquico , empleando en su lugar muchos literaria ,
conceptos metafóricos . Las principales obras de este tipo son Tótem y tabú (1913) , Más allá del principio del placer (1920), Psicología de las masas y análisis del yo (1921) , El porvenir de una ilusión (1927) , El malestar en la (1930) , y Moisés y Monoteísmo (1934 --- 193F) .
Sus contribuciones clínicos están entre el más temprano de los escritos de Freud que aún se está leyendo , y él continuó escribiendo en este sentido toda su vida. En cuanto a los otros dos tipos de teoría, las principales obras metapsicológicos llegaron temprano, los principales son filogenéticos tarde. Como los conceptos de Freud se volvieron más metafórico y se tratan temas tan remotos como los orígenes fundamentales del hombre y el sentido de la vida y la muerte , se convirtió en menos preocupados con la descripción o de manera sistemática lo que representa para el curso y el destino de un impulso o pensamiento.
Incluso cuando las obras de Freud se leen en el orden en el que escribió ellos, aún queda mucho
oscurecer si uno no tiene la concepción de la condición contemporánea de la comunidad científica y
cuestiones profesionales que estaba discutiendo . Afortunadamente para nosotros , los eruditos modernos están suministrando un
buena parte de este fondo es necesario (por ejemplo , Amacher , 1965 ; Andersson, 1962 ; Bernfeld ,
1944 ; Ellenberger , 1970 ; Jackson , 1969 ; Spehlmann , 1953 ; véase también Holt, 1965a , 196f) . la

capítulos relevantes de la historia magistral de Ellenberger se recomiendan especialmente para la manera erudita pero absorbentemente legible en el que se dan los contextos intelectuales sociales y políticos, así como científicos , médicos y generales en las que Freud estaba escribiendo . Aquí , no puedo hacer otra cosa que toque ligeramente en un número de las corrientes intelectuales más importantes y relevantes del siglo XIX.

Naturphilosophie Y SU RECHAZO
El camino para la revuelta romántica que en términos generales characteriled todos los aspectos del intelectual

la vida en la década de 1F00 había sido preparado por la Naturphilosophie , una mística y con frecuencia
vista rhapsodic de la Naturaleza como una perfusión de espíritu y con las fuerzas inconscientes conflictivas
y como evoluciona de acuerdo a un diseño interior , con arreglo a fines . No es una escuela muy unida , su
pensadores constituyentes incluyen (en orden cronológico) Kant , Lamarck , Goethe , Hegel,
Schelling (tal vez la figura central), Oken y Fechner . Con la excepción de Fechner , que vivió de 1F01 a 1ff7 , todos vivían de través de los siglos XVIII y XIX.
Naturphilosophie alentó al recrudecimiento de vitalismo en biología , defendido por el gran fisiólogo Johannes Müller , y estimuló una escuela humanística de la medicina romántica (Galdston , 1956). En psiquiatria , la primera parte del siglo estuvo dominada por las reformas de Pinel , Esguirol , y sus seguidores, que introdujeron una era de treatmentn kmoral : amabilidad firme en lugar de sistemas de retención , el optimismo terapéutico basado en las teorías etiológicas de una más psicológico que orgánico fundido, y un intento de involucrar a los internos de los asilos en actividades constructivas .
El duro - reacción de mente a esta licitación - la era de mente se vio favorecido en gran medida por los avances
que se realizan en la física y la química. Tres de los estudiantes de Muller , Brocke , du Bois -

Reymond y Helmholtl , se reunieron Carl Ludwig en 1F47 y formaron un club (que se convirtió en la Sociedad de Física de Berlín) para kconstitute fisiología en un químico - base física , y darle rango científico egual con Physicsi (Ludwig, guoted por Cranefield de 1957, p . 407) . No tuvieron éxito en su objetivo francamente reduccionista pero ¿ a alcanzar sus otros objetivos : promover el uso de la observación científica y la experimentación en fisiología, y para combatir el vitalismo . Entre ellos , llevaron a cabo el siguiente programa :
No hay otras fuerzas que la física común - los químicos están activos en el organismo . En aquellos casos en que no se puede en el momento ser explicados por estas fuerzas que uno tiene , ya sea para encontrar la manera específica o forma de acción por medio de la física - método matemático , o para asumir nuevas fuerzas egual en dignidad a la química - física fuerzas inherentes a la materia, reducibles a la fuerza de atracción y repulsión, (du Bois - . Reymond , guoted por Bernfeld , 1944 , p 34f)
En Alemania especialmente , este fermento materialista de la fisiología fisicalista , mecanismo , y el reduccionismo se convirtió en el modo, poniendo poco a poco la medicina romántica,
vitalismo , y otros aspectos de la Naturphilosophie a derrota. Donde antes había habido Psíquicas , Psico - escuelas somáticas y somáticas en la psiquiatría alemana (ver Earle, 1f54 , en
Hunter m Macalpine , 1963 , pp 1015 - 101f) , la somática ganó poco a poco ; Meynert

(Maestro de Freud de la psiquiatría), por ejemplo , concibió los trastornos mentales que las enfermedades de
el cerebro anterior . A pesar de sus éxitos terapéuticos , el tratamiento moral fue desterrado junto con
sus teorías psicógenas (a menudo sexuales) como la psiquiatría esposas KOLD ' , " a favor de la estricta
vistas hereditaristas y muy poco a modo de terapia (Bry m Rifkin, 1962) - orgánicos. La facultad de medicina de la Universidad de Viena fue un puesto de avanzada de la nueva hyperscientific
biología, con uno de sus divulgadores , Brocke , sosteniendo una silla importante y dirigir la
Physiological Institute (Bernfeld , 1944). Irónicamente , Freud nos dice que su decisión de entrar en

la escuela de medicina fue determinada por el oír la kFragment la Naturaleza " atribuido a Goethe
leer en voz alta en una conferencia pública . Este breve poema en prosa es un epítome de la Naturphilosophie , y
debe haber influido Freud debido a su admiración de muchos años de Goethe y quizás debido a una klonging para el conocimiento filosófico, " que había dominado sus primeros años ,
como dijo más tarde en una carta a Fliess . Evolución había sido un principio fundamental de la Naturphilosophie ; así
no es de extrañar que este ditirambo 17f0 podría ser parte de una conferencia sobre la comparativa
anatomía, la disciplina que proporcionó mucha de la evidencia crucial para el origen de las de Darwin
Especies (1f59) .

ENERGÍA Y EVOLUCIÓN
Tal vez los dos conceptos más interesantes del siglo XIX fueron la energía y la evolución. Ambos influyeron fuertemente maestros de Freud en la escuela de medicina.
Helmholtl habían leído al grupo 1F47 su papel fundamental en la conservación de energyepresented como una contribución a la fisiología. Treinta años más tarde, las conferencias de BROCKE
estaban llenos de los conceptos estrechamente relacionados (y aún poco diferenciados) de energía y
fuerza . Para utilizar estos conceptos dinámicos fue el sello distintivo del enfoque científico ;
Brocke enseñó que las causas Kreal se symboliled en la ciencia de la palabra hforce ' " (Bernfeld , 1944 , p . 349) . Parece obvio que el primero de tres metapsicológica de Freud

puntos de vista, la dinámica (explicación en términos de fuerzas psicológicas) , tuvieron sus orígenes en

este emocionante intento de elevar el nivel científico de la fisiología de la aplicación diligente de

la mecánica y especialmente de la dinámica , la rama de la mecánica que se ocupan de las fuerzas y

las leyes del movimiento . El énfasis fuertemente guantitative de la escuela de Helmholtl y su

la tensión en la energía son claramente los principales factores determinantes de la metapsicología visto desde el

punto de vista económico (explicación en términos de guantities de energía). El hecho de que , entre los

autores Freud respetado la mayoría , figuras tan dispares como Fechner y Hughlings Jackson

celebrada a puntos de vista dinámicos y económicos , sin duda, el fortalecimiento de unguestioning de Freud

convicción de que estos puntos de vista son elementos absolutamente necesarios de un explicativa

teoría .

A pesar de su programa fisicalista , el trabajo real del instituto de Brocke fue en gran parte

la fisiología y la histología clásica . Freud había tenido su bautismo científica darwiniana bajo

Claus en una búsqueda microscópica de los testículos que faltan de la anguila , y sus varios intentos de

experimentos fisiológicos y químicos bajo otros auspicios fueron infructuosos . Estaba feliz ,

por lo tanto, permanecer en el microscopio donde él Brocke estudios neurohistológicos asignado ,

inspirado en y contribuir a la teoría evolutiva. Cuando trabajaba con Meynert , fue

de nuevo en una disciplina estructural con un estudio methodethe genética de la anatomía del cerebro utilizando un

serie de cerebros fetales para trazar las vías medulares siguiendo su desarrollo. su práctica clínica subseguent estaba en neurología, una disciplina que, como Bernfeld (1951) tiene

se ha señalado, era nmerely una aplicación de diagnóstico de anatomy.i Además, primero completo de Freud - escala

modelo teórico , el kProjecti de 1F95 , es ante todo una teoría sobre la estructura organilation del cerebro , tanto grueso y fino . Su primera formación de este modo demostrable lo convenció de que una teoría científica tiene que tener una base estructural (o topográfico) .

Fue Bernfeld (1944), quien señaló en primer lugar el contenido sorprendentemente antítesis de estos

dos coexisten traditionseNaturphilosophie intelectual y physiologye fisicalista
ambos de los cuales influido profundamente en Freud , y en ese orden . En sus obras
publicadas , para ser
seguro , casi nada de Naturphilosophie se puede ver en los periódicos y los libros de su
primera
dos períodos , y surgieron casi por completo en lo que he citado más arriba como su
filogenético,

obras especulativas . Muchas de las propiedades de su concepto de la energía
psíquica , no obstante, pueden ser
remontado al vitalismo que era una característica destacada de la Naturphilosophie (
Holt, 1967).
Por otra parte, estas dos escuelas de pensamiento pueden también ser vistos como
manifestaciones particulares de
aún más amplios cuerpos, más inclusivas de las ideas , que yo llamo (siguiendo Chein ,
1972) imágenes de
hombre.

De Freud dos Imágenes de hombre

Creo que hay un conflicto generalizado , sin resolver dentro de todos los escritos de
Freud
entre dos imágenes antitéticas ; un conflicto que es responsable de una buena parte de
la
contradicciones en toda su producción , pero que su maquillaje cognitivo - hasta le
permitió tolerar
(como veremos en breve). Por un lado , la idea central del esfuerzo teórico de Freud
era
para la construcción de lo que él mismo llamó una metapsicología , inspirado en un
medio - decimonoveno -
alcance siglo de la física y la química. Parcialmente encarnada en este y en parte
mentira detrás de él se
lo que yo llamo su imagen mecanicista del hombre. El punto de vista opuesto , mucho
menos prominente que
muchos estudiantes no son conscientes de que Freud sostuvo , que me gusta llamar
una imagen humanista del hombre. lo
puede verse en sus trabajos clínicos y en el amplio , especulativa , guasi - filosófica

escritos de sus últimos años , pero es más claro en la propia vida y las interacciones de Freud con los demás ,
mejor verbaliled para nosotros tal vez en sus cartas . A diferencia de la imagen mecanicista , el humanista
concepción del hombre nunca se diferenció y declaró lo suficientemente explícita para ser llamado un
modelo ; sin embargo, cuenta con un cuerpo bastante rica y coherente de supuestos sobre la naturaleza de
los seres humanos , que funcionaban en la mente de Freud como un antagonista correctivo de su
tendencias mecanicistas .
Hay pocas pruebas a partir de 1900 que Freud era consciente de albergar imágenes incompatibles de hombre , ninguna de las cuales podía darse por vencido. Sin embargo , muchos aspectos pullling lo contrario del psicoanálisis se hacen inteligibles si se supone que las dos imágenes estaban allí , funcionando en muchos aspectos, como conflictivos sistemas motrices .

Permítanme emphasile que lo que voy a presentar no es un epítome de diversas teorías
propuesto específicamente por Freud. Más bien , las dos imágenes se infieren complejos de las ideas ,
extraído de la vida y los escritos de Freud y reconstruida en gran parte de la misma manera que él enseñó
que utilicemos en la comprensión de las personas neuróticas : mediante el estudio de los sueños de un paciente , los síntomas y
kassociations , i inferimos fantasías inconscientes , complejos, o principios de los recuerdos que nunca
ser plenamente consciente, pero que nos permiten dar sentido a sus producciones , que
parecer en la superficie, de manera asombrosamente diversa. Este esfuerzo está lleno de una cierta
cantidad de riesgo . Incluso la imagen mecanicista se hizo explícita , ya que sólo un modelo teórico
en el kProject , i el intento inédito en una neuropsicología que Freud escribió en 1F95 .
A partir de entonces , este modelo parece haber sido en gran medida olvidado o reprimido , junto con su
antítesis , la imagen humanista.

IMAGEN HUMANISTA DE FREUD DEL HOMBRE
Ninguna de las imágenes de Freud era especialmente original con él; cada uno fue a su personal

síntesis de un cuerpo de ideas con una larga historia cultural, expresó que se le transmitió
en gran parte a través de los libros que sabemos que leía. Mucho antes y mucho después de Freud
decidido convertirse en un científico, era un ávido lector de los clásicos Bellas letras que son
a menudo se considera el núcleo de la herencia humanista del hombre occidental. Tenía un excelente liberal
y la educación clásica, lo que le dio una base sólida en las grandes obras de la griega, América, los autores alemanes e ingleses, así como la Biblia, Cervantes, Moliere, y otra grandes escritores en otras lenguas, que leyó en la traducción. Él era un hombre de profunda
cultura, con una pasión por la poesía de lectura, novelas, ensayos, y similares, y para aprender sobre antiguity clásica en particular, pero las artes en general, a través de los viajes,
recolección, y la comunicación personal con los artistas, escritores y amigos cercanos que tenían

gustos similares y educación.2 Y a pesar de sus posteriores comentarios negativos acerca de la filosofía, asistió a no menos de cinco cursos y seminarios con el distinguido filósofo - psicólogo Brentano durante sus años en la Universidad de Viena. Muy pocos de los muchos personal no médico que se había dibujado en el psicoanálisis y que se convirtió en parte del círculo de Freud fueron entrenados en el kharderi o ciencias naturales. Principalmente, vinieron de las artes y las humanidades. Por cada Waelder (físico) hubo unos pocos como Sachs y Kris (estudiantes principalmente de la literatura y el arte). Sin duda, esto nos dice algo no sólo sobre las influencias en Freud, pero la clase de hombre que era, la concepción del hombre por el cual él vivió y que fue transmitido por medios sutiles para su co - trabajadores.
De diversas maneras, entonces, Freud estuvo bajo la influencia de la imagen predominante del hombre que transmite el importante sector de la cultura occidental que llamamos humanidades. Permítanme esbozar algunos de los principales componentes de esta imagen del hombre, que se puede discernir en los escritos de Freud.
1. El hombre es a la vez un animal y algo más, una criatura con aspiraciones a la divinidad. Por lo tanto, tiene una naturaleza dual. Él posee las pasiones carnales, funciones vegetativas, la codicia y el ansia de poder, la destructividad, la preocupación egoísta de placer maximiling y minimiling dolor; pero también tiene la capacidad de desarrollar el arte, la literatura, la religión, la ciencia y philosophyethe reinos abstractos de valueseand teórico y estético de ser desinteresado, altruista y nutriente. Esta es una visión compleja del hombre, desde el principio, como una criatura que se preocupa profundamente por mayor, así como los asuntos menores.

2 Ellenberger (. 1970, p 460) nos dice que Freud mostró el dramaturgo Lenormand kEl obras de Shakespeare y de los trágicos griegos en sus estantes pofficeq y dijo: hHere

son mis amos ». Sostuvo que los temas esenciales de sus teorías se basan en la intuición del poets.n

2. Cada ser humano es unigue, sin embargo, todos los hombres son iguales, una especie, cada uno tan humano como
cualquier otra. Este supuesto lleva un fuerte compromiso de valor, así, a la proposición que cada persona es digna de ser respetado y ser ayudado, si en problemas, a la altura de la
medida de sus capacidades, por muy limitado que se encuentren. Freud fue uno de los principales
contribuyentes de una extensión importante de esta hipótesis a través de su descubrimiento de que no
era de hecho el método en la locura (como Shakespeare sabía intuitivamente), que el loco o
enfermos mentales podrían ser entendidos y, de hecho, fueron accionados por los mismos deseos básicos como
otros hombres. Por lo tanto, en la tradición de los psiquiatras como Pinel, Freud hizo un gran acuerdo para
reafirmar la humanidad de la mental y emocionalmente anormal y su continuidad con la normal.
3. El hombre es una criatura de deseos, un luchador después de metas y valores, después de fantasías e imágenes de gratificación y de peligro. Es decir, que es capaz de imaginar posibles estados futuros de placer, alegría sensual o realización espiritual, y del dolor, la humillación, la culpa, la destrucción, etc; y su comportamiento es guiado e impulsado por los deseos de obtener las metas positivas y evitar o anular los negativos, principalmente la ansiedad.
4. El hombre es un productor y procesador de significados subjetivos, por el cual él mismo se define, y una de sus necesidades más fuertes es encontrar a su vida con sentido. Está implícito en la imagen humanista que los significados son primarios, irreductible, causalmente eficaz y de plena dignidad como un tema de interés sistemático. Psicopatología, en consecuencia, se concibe en términos de complejos de mala adaptación o configuraciones de las ideas, deseos, conceptos, percepciones, etc

5. Hay mucho más para el hombre que sabe o por lo general quieren que pensemos, más

que está presente en su conciencia, más que se presenta al mundo social en el público.

Este lado secreto es extraordinariamente importante. Los significados que se refieren a una persona más,
incluyendo fantasías y deseos, son constantemente activos y sin conciencia, y es difícil

para que las personas tomen conciencia de muchos de ellos. Para entender a una persona de verdad, por lo que es
necesario conocer sus subjetivas, lifeehis interiores sueños, fantasías, deseos, preocupaciones, ansiedades y la coloración especial con la que ve el mundo exterior. Por
comparación, su fácil observación, la conducta manifiesta es mucho menos interesante y menos importante.

. 6 conflicto interno es inevitable debido a dualitiesehis del hombre de las naturalezas superior e inferior, los lados conscientes e inconscientes; además, muchos de sus deseos son incompatibles entre sí o traerlo en conflicto con las demandas y presiones de otras personas.

7. Tal vez el más importante de estos deseos comprende el complejo instinto del amor, de los cuales la lujuria sexual es una de las principales (y sí complicado) parte. Impulso del hombre para el placer sexual es casi siempre fuerte, persistente y polimorfo, incluso cuando parece completamente inhibida o bloqueada, y puede ser separado del amor. Al mismo tiempo, Freud siempre fue sensible a las múltiples formas de la ira, el odio y la destructividad, mucho antes de que él los reconoció formalmente con su teoría de la pulsión de muerte.

f. El hombre es una criatura intensamente sociales, cuya vida es distorsionada y anormal si no
enredado en una red de relaciones con otras peopleesome de estas relaciones formales
y institutionaliled, algunos informales, pero consciente y deliberada, y muchos de ellos que tiene importantes componentes inconscientes. La mayoría de los sistemas de motivos humanos son interpersonal
carácter, también: amamos y odiamos a otras personas. Por lo tanto, la realidad importante para el hombre es
social y cultural. Estas proposiciones de Sullivan - sonda están claramente implícitos en Freud

historias de casos.

9. Una característica central de esta imagen del hombre es que él no es estática, sino que siempre se changinge desarrollo y declive, evolucionando y delegar. Sus más importantes motivos inconscientes derivan de experiencias en childhoodethe niño es el padre del hombre. El hombre es parte de un universo evolutivo, por lo tanto, en principio, casi infinitamente perfectible aunque en la práctica siempre sujeto a retrocesos, fijaciones y regresiones.

10. El hombre es a la vez el principal activo de su propio destino y el juguete de sus pasiones. Él es capaz de elegir entre alternativas, de resistir a las tentaciones y de gobernar sus propios impulsos, aunque a veces él es un peón pasivo de las presiones externas e impulsos interiores. Por lo tanto, tiene sentido para tratar de lidiar con él de

una manera racional, a la esperanza de influir en su comportamiento al discutir las cosas e incluso instándole a ejercer su voluntad. Por lo tanto, el hombre tiene tanto un identificador y un ego autónomo. Extraído de un cuerpo de trabajo en el que no tiene lugar sistemático, este humanista imagen, tal como se presenta, es un tanto vaga y mal organiled. Sin embargo, no veo razón intrínseca por la cual no se podía explicada y desarrollada de una manera más sistemática.

IMAGEN MECANICISTA DE FREUD DEL HOMBRE
Este joven humanista educado y con inclinaciones filosóficas, disparado por un concepción romántica y vitalista de la biología que quería estudiar, fue a la Universidad de la Facultad de Medicina de Viena, donde se encontró rodeado por hombres de gran prestigio y
sustancia intelectual enseñar emocionantes doctrinas científicas de un tipo muy diferente. Él
se sometió a una conversión apresurada primero en un materialismo radical, y luego a fisicalista
fisiología, un heredero principal de la tradición mecanicista que empezó con Galileo y

tratado de explicar todo en el universo en términos de la física newtoniana.
Freud fue durante años bajo el hechizo de Brocke, a quien llamó una vez la mayor autoridad que alguna vez conoció. Varios de sus otros maestros y colegas también eran entusiastas miembros de la escuela mecanicista de Helmholtl, especialmente Meynert, Breuer, Exner y Fliess. Las perspectivas de esta doctrina estrecha pero riguroso era siempre después de dar forma a los ideales científicos de Freud, deteniéndose detrás de las escenas de su theoriling, casi en el papel de un superyó científica. En este sentido, creo que la imagen mecanicista del hombre subyace y se puede discernir en los escritos de Freud metapsicológicos, aun cuando ciertos aspectos de esa imagen parece estar en contradicción.
En muchos detalles, la imagen mecanicista es marcadamente antitética a la de humanista. He tratado de llevar a cabo este contraste en el siguiente catálogo de supuestos.
1. El hombre es un sujeto propio de la ciencia natural, y como tal, no es diferente de cualquier otro objeto en el universo. Toda su conducta está determinada por completo, incluidos los informes de los sueños y las fantasías. Es decir, todos los fenómenos humanos son legales y, en principio, posible explicar por naturales -, leyes guantitative científica. Desde este punto de vista, no hay sentido de la subdivisión de su comportamiento o de considerar su naturaleza ser dualehe es simplemente un animal, mejor entendido como una máquina o aparato, compuesto de ingeniosos mecanismos, que funciona de acuerdo a las leyes del movimiento de Newton, y comprensible sin residuos en términos de la física y la química. Uno no necesita postular un alma o

principio vital para hacer funcionar el aparato, aunque la energía es un concepto esencial. Todos los logros culturales de que el hombre está tan orgulloso, todos sus valores espirituales y similares, no son más que sublimaciones de los impulsos instintivos básicos, a los que se pueden reducir.

. 2 Las diferencias entre los hombres son científicamente despreciable; desde el punto de vista mecanicista, todos los seres humanos son básicamente los mismos, estando sujeto a las mismas leyes universales. Se pone el énfasis en el descubrimiento de las leyes, y no en la comprensión de los individuos particulares. En consecuencia, la metapsicología no toma nota de las diferencias individuales y no parece ser una teoría de la personalidad.
3. El hombre está motivado fundamentalmente por la tendencia automática de su sistema nervioso para mantenerse en un estado no estimulado, o al menos para mantener sus tensiones a un nivel constante. El modelo básico es el arco reflejo: estímulo externo o interno conduce a la actividad del sistema nervioso central que conduce a la respuesta. Todas las necesidades y anhelos deben, con fines científicos, se conceptualiled como fuerzas, tensiones que deben ser reducidas, o energías que buscan alta.
4. No hay lugar para el significado o el valor de la ciencia. Se trata de guantities, no gualities, y debe estar completamente objetiva. Fenómenos tales como pensamientos, deseos o temores son epifenómenos; que existen y deben ser explicado, pero no tienen poder explicativo sí mismos. Energías toman en gran medida su lugar en el modelo mecánico.
5. No hay contraponerse a la quinta hipótesis humanista, la relativa a
la importancia de la parte inconsciente y el secreto, interior del hombre. Un correspondiente
reformulación del mismo punto en términos mecanicistas podría ser: la conciencia es también un
epifenómeno, 3 y lo que sucede en la conciencia de una persona es de interés trivial comparado

3 Verdadero (como MM Gill ha señalado amablemente para mí), en el nProjectn Freud negó explícitamente que
la conciencia es un epifenómeno. Sin embargo, la tendencia general de la kProjectn exige la opinión de que no estaba dispuesto
a abrazar: es un intento de dar cuenta de la conducta y la neurosis en términos puramente mecanicistas, sin el
intervención de las entidades mentales en el proceso causal. De hecho, creo que fue en gran parte debido a que pudo
no tener éxito en su objetivo sin postular un yo consciente como agente en el proceso de defensa, y porque
no pudo alcanzar una explicación mecanicista satisfactoria de la conciencia, que Freud abandonó el
kProject.n

a las actividades de mucho trabajo del sistema nervioso, la mayoría de los cuales van sin ninguna conciencia correspondiente.

6. Las muchas fuerzas que operan en el aparato que es el hombre a menudo chocan, dando lugar al informe subjetivo de conflicto.

7. Los procesos sentimentalmente conocidos como el amor no son más que disfraces y transformaciones de la pulsión sexual, o, más precisamente, su energía (libido). Incluso el afecto platónico no es más objetivo - la libido inhibida. El sexo, no el amor, por lo tanto, es el motivo principal. Y puesto que la tendencia fundamental del sistema nervioso es restablecer un estado de equilibrium no estimulada, la total pasividad de la muerte es su objetivo último. La rabia y la destructividad no son más que disfraces y transformaciones de la pulsión de muerte.

f. Objetos (es decir, otras personas) son importantes sólo en la medida en que proporcionan estímulos que marcan el aparato psíquico en movimiento y proporcionan las condiciones necesarias para la reducción de las tensiones internas que lleva a descansar de nuevo. Relaciones como tales, no son reales; una psicología puede ser completa sin tener en cuenta más que el aparato individual y los acontecimientos dentro de ella, además de la clase general de los estímulos externos. Reality contiene masas konly en movimiento y nada elsei (Freud, 1F95, p. 30f).

. 9 El énfasis genética no es muy diferente para Freud como mecanicista y como humanista, así que vamos a ir al último punto:

10. Dado que la conducta del hombre está determinada estrictamente por su historia pasada y por la
disposición actual de las fuerzas, el libre albedrio es una ilusión falaz. Para permitir que la idea de
la autonomía o la libertad de elección implicaría la espontaneidad en lugar de pasividad en el sistema nervioso
sistema, y socavaría la assumptioneconsidered científicamente necessaryethat

conducta está determinada estrictamente por los impulsos biológicos y por estímulos externos.

IMPLICACIONES DE LAS DOS IMÁGENES

La teoría psicoanalítica como la conocemos, es un tejido de compromisos entre estos dos
imágenes opuestas. La influencia de la imagen mecanicista es más claro en la metapsicología,
donde la estructura general de las principales proposiciones, así como una buena parte de la

terminología puede ser visto para derivar directamente de la mecanicista de forma explícita y
modelo reduccionista del kProject.i El cambio más llamativo fue el de Freud abandona un
anatómica - marco neurológica para la ambigüedad abstracta del aparato kpsychic, i
en el que las estructuras y energías son psíquica, no física. Sin quererlo, Freud tuvo un
sumergirse en el dualismo metafísico cartesiano, pero evitó lo que sentía era el
amenaza anticientífico de la imagen humanista al alegar explicativo final
potencia para metapsicología en oposición a la formulación teóricamente menos ambiciosa de
observaciones clínicas en un lenguaje que estaba más cerca de la de la vida cotidiana. Y en el
metapsicología, usando el truco de traducir anhelos subjetivos en la terminología
de fuerzas y energías, Freud no tuvo que tomar la tachuela conductista de rechazar la
mundo interior; mediante la sustitución de lo subjetivo, la libre voluntad con el ego definido como un psíquico
estructura, que fue capaz de dejar suficiente autonomía para lograr un ajuste razonable con clínica
observación.
Sin realiling que, por lo tanto, Freud no se rindió el modelo reflejo pasivo de la
organismo y el concepto fisicalista estrechamente relacionados de la realidad, incluso cuando dejó de lado
neuropsychologiling deliberada. A pesar de que pospuso explícitamente cualquier intento de relacionar el
términos de la metapsicología de los procesos y los lugares en el cuerpo, se sustituyen psicológica

teorías que llevan la misma carga de suposiciones anticuadas.
La relación entre la imagen humanista y Naturphilosophie sigue siendo
aclarado. En un sentido, este último puede ser considerado una parte de la antigua; sin embargo, en un número de
respete tiene un estatus especial. Pienso en ello como una anomalía intelectual europeo curiosamente,
naturalmente relacionado con su matriz de principios del XIX - ideas del siglo y ya anacrónico
en la época de Freud. Cuando el temperamento moderno (incluso en la historia y otras ciencias sociales)
busca detallados, cadenas y redes de causas demostrables, los intelectuales de prosaicos
esa época no veía nada malo en postular un atajo conceptual, ad hoc o kforcei
kessencei u otro teórico deus ex machina para que el resultado observado fue

directamente atribuido. Analogías sueltas fueron aceptados fácilmente como medios adeguate de formación
hipótesis (generalmente genética), y casi nadie comprendió la distinción entre generando una brillante idea plausible y llegar a una conclusión defendible. Con este carácter,
audacia era más para ser admirado de precaución. Una vinculación con brillantez inesperado de los acontecimientos
o fenómenos era un mejor rendimiento que un laboriosamente clavado - conclusión de abajo. Por lo tanto,
el gran alcance de las ideas de Darwin llamó la atención del público, preacondicionada como estaba por una
legado de la Naturphilosophie, mucho más que su extraordinario conjunto de detalladas la evidencia empírica. Darwin no introdujo la idea de la evolución; su contribución fue hacer ejercicio en detalle convincente un mecanismo no teleológico por el cual el origen gradual de
especies podrían ser contabilizados. Era una ironía de hecho que su gran libro parecía en el
mente popular una confirmación de las teleológicas, incluso animistas, las nociones de la Naturphilosophie,
aunque ha habido muchos de esos eventos en la historia de la ciencia. Tal vez la mayoría de los
personas se acercan a las nuevas ideas kassimilativelyn (para usar el término de Piaget), reduciéndolos a su
eguivalent más cercano en el stock de conceptos ya existentes, por lo que un revolucionario

propuesta puede llegar a reforzar una idea reaccionaria.
Se podría incluso argumentar que en el mundo de hoy, la principal función de la gran, integradoras speculationsephilosophical o pseudocientíficas h htheories de los universeieis
para ayudar a los adolescentes a obtener un dominio intelectual temporal de la confusión que experimentan
en el ensanchamiento repentino de sus horilons, tanto emocionales y ideacionales. En cierto sentido,
Freud, el estudiante de medicina fue guite justificada en sentir que su naturaleza - filosófica
inclinaciones estaban entre las cosas de niño que un hombre tenía que guardar. Jones (1953, p. 29)
escribe que cuando se le preguntó una vez Freud cuánta filosofía que había leído, la respuesta

vino: poco kVery. Cuando era joven me sentía una fuerte atracción hacia la especulación y
despiadadamente comprobado it.i
Sobre la base de este y muchos comentarios y las partes relevantes, he summariled (ver
tabla) los aspectos del pensamiento de Freud que parecen trazable a Naturphilosophie y para su
estudios filosóficos con Brentano, junto con sus homólogos, extraídas de la
la tradición de la ciencia mecanicista y en particular del propio aprendizaje de Freud en fisiología fisicalista. Hasta cierto punto desconocido, algunos elementos de la izquierda pueden haber derivado
de otras fuentes humanistas, pero éste parece más plausible. (Prueba de que el diversos elementos se asociaron en la forma indicada se presenta en Holt, 1963.)
Freud solía hablar con desprecio acerca de todos los métodos y procedimientos de la formal,
disciplinas, como en el guotation de arriba, donde es digno de mención (y característico) que él
la filosofía y la especulación eguated. Deducción, amplitud de la cobertura de una teoría,
y definición rigurosa se asociaron en su mente con los aspectos formales de estériles,

Tabla 1: Estructura de la latente metodológicas concepciones de Freud

Derivado principalmente de derivados en gran parte de
filosofía, sobre todo la fisiología fisicalista:
Naturphilosophie:
Filosofía asociado; Fisiología académico;
disciplinas: la psicología filosófica neuropsicología;
metapsicología
Naturaleza de las teorías completas, integrales parciales, puntuales
theoriling: teorías, con preciso con tientas imprecisa
definiciones de los conceptos conceptos definidos
Procedimientos procedimiento deductivo, utilice el procedimiento inductivo
y de las matemáticas; (Nonformalistic);
métodos: la especulación; observación de la síntesis; disección;
análisis

la filosofía. Y sin embargo (tal vez por el puente - el concepto de la evolución),
Naturphilosophie

y el resto de este complejo de ideas estaban vinculados en la mente de Freud con la biología darwiniana

y para la disciplina de manera similar genética de la arqueología. Estas ciencias respetables que,

a diferencia de la filosofía y las matemáticas, eran concretamente empírica, reconstruyó el mando a distancia

pasado del hombre por un método genético. Tal vez la idea de que él estaba siguiendo su método

habilitado Freud, por último, para disfrutar de su larga - anhelo reprimido por amplio, especulativa

theoriling. En su autobiografía (. Freud, 1925, p 57), escribió: Kin las obras de mi tarde año (Más allá del principio del placer, Psicología de las masas y análisis del yo, y El Yo y el ello), me han dado rienda suelta a la inclinación, la cual he tenido por tanto tiempo, a

especulación i

En un sentido, por supuesto, es sólo una extensión del método de reconstrucción genética a

volver más allá de los comienzos de una vida individual y tratar de seguir el desarrollo del

socialmente compartida de aduana de la mayor historia de vida de un pueblo, como hizo Freud en Tótem y

Taboo. Las concepciones de Haeckel (que la ontogenia recapitula la filogenia) y de Lamarck (que las características acguired pueden transmitirse genéticamente) eran conocidos generalmente durante años científicamente formativos de Freud y disfrutaron de una aceptación mucho más extendida por el mundo científico de lo que hizo durante los años posteriores de Freud. Esta aceptación lo hizo difícil para él renunciar a ellos. Si los antropólogos funcionales habían aparecido una generación antes y si el enfoque evolutivo no hubiera estado tan populariled por Sir James Fraler, Freud podría haber sido capaz de entender cómo es penetrante e inconsciente el patrón de una cultura puede ser. Esta interconexión intrincado hace posible que la cultura que se transmite a través de clases sutiles y casi imperceptibles de aprendizaje, hecho que evita lo que Freud (1934e3f) declaró fue la necesidad de que una psicología social debe postular la herencia de los caracteres acguired.

Estilo cognitivo de Freud

Pasemos ahora a la última fuente importante de dificultades para el lector moderno se encuentra en la comprensión de Freud : su estilo cognitivo. Cualquiera que haya leído a Freud en absoluto puede reaccionar a esa proposición con asombro, pues el estilo de Freud es muy admirado por su claridad límpida . Incluso en la traducción, Freud es vivo , personal, y encantadoramente directo, de modo que lo hace muy fácil de leer ; él usa figuras imaginativas y originales de expresión, ya menudo conduce al lector a lo largo de una especie de desarrollo gradual que le permite penetrar en zonas difíciles o delicadas con un mínimo de esfuerzo. Cualquiera que haya leído muchos de sus escritos se puede entender fácilmente por qué recibió el Prile Goethe de Literatura. Sin embargo, existen dificultades estilísticas en entenderle ; pero que se refiere a su , no es su estilo literario cognitivo. Hace un par de décadas George Klein (1951 , 1970) acuñó

el estilo cognitivo término para referirse al patrón de formas de tomar en una persona , el procesamiento,

y comunicar información sobre su mundo. Freud tiene una manera peculiar , no sólo de escribir , sino de pensamiento , lo que lo hace sorprendentemente fácil para el lector moderno

malinterpretar su significado , perder o distorsionar muchas sutilezas de su pensamiento. Para algunos

grado , yo mismo pueda estar distorsionando sutilmente concepto de Klein, pues operationaliled en el

de laboratorio , no la biblioteca . Se presentó a los sujetos con cifras ocultas que se extraen de

camuflaje, serie de sguares para ser juzgado por sile , y otras tareas inusuales, algunos de sus

propio y algunas de concepción de los demás. Por el contrario, los métodos que he utilizado son más parecidos a los

de la crítica literaria. He recogido notas sobre lo que me llamó la atención como formas características en

Freud observó que , los datos procesados , ideas obtenidas por medios distintos directa observación, pensó en ellos, y puso su sello personal en ellos. Al hacerlo ,

sin embargo, me he guiado por mi larga relación con Klein y su propia forma de acercarse a los procesos cognitivos y productos; así que confío en que he sido fiel al espíritu

de su contribución , que es ahora tan ampliamente utilizado que es virtualmente una parte de la psicología de

propiedad común.

ESTILO DE CARACTERES

Tal vez un buen lugar para empezar como cualquier es con el pozo de Ernest Jones - La biografía conocida. Gran parte de lo poco que él tiene que decir sobre este tema se puede organiled en forma de antítesis o paradojas . En primer lugar , no había mucho de Freud que fue compulsivamente ordenado y duro - de trabajo . Llevó una vida estable y regular en el que su trabajo era una necesidad básica . Como escribió a Pfister : kl no podía contemplar con toda clase de confort una vida sin trabajo. La imaginación creativa y el trabajo van de la mano conmigo ; No me complaceré en nada else.i Sin embargo , continuó, kThat sería una receta para la felicidad si no fuera por el terrible pensamiento de que uno de la productividad depende enteramente de moodsi sensibles (Jones , 1955 , p . 396F .) . Como Jones lleva a cabo , que funcionaba de hecho a trompicones , no Guite manera constante y regular como, por ejemplo , Virgilio, pero cuando el estado de ánimo estaba sobre él .

Una vez más, Jones comenta sobre mucha atención a los detalles de kFreud verbal, la paciencia sorprendente con la que iba a desentrañar el significado de frases y utterancesi (ibid. , p . 39f) . Por otro lado :

Sus traductores me llevarán a cabo cuando observo que las oscuridades y ambigüedades de menor importancia,

de un tipo que la circunspección más escrupuloso podría haber evitado fácilmente , no son el

menos de sus ensayos. Era , por supuesto, consciente de ello. Recuerdo que una vez preguntándole por qué

utilizado una cierta frase , cuyo significado no estaba claro , y con una mueca que él respondió : (. 1953 , p 33f .) kPure Schlamperein (descuido).

No era él mismo un traductor meticuloso. aunque uno muy dotado. kInstead de laboriosamente transcripción de la lengua extranjera , los modismos y todo, iba a leer un pasaje , cerrar el libro , y considerar cómo un escritor alemán habría vestido los mismos pensamientos r Su trabajo de traducción fue a la vez brillante y rapidi (Jones, 1953 , p . 55) . Del mismo modo , Jones comenta sobre kguickness de Freud sobre el pensamiento y la observationi en general , y el hecho de que el tipo KHIS de ánimo era tal como para penetrar a través del material a algo realmente esencial más allá en lugar de perder el tiempo o jugar con iti (1955 , p . 399) . En resumen, era más intuitiva que ploddingly sistemática.

Esta particular paradoja se puede resolver, creo yo, por el reconocimiento de que Freud era , básicamente , un obsesivo - compulsivo de la personalidad , en el que este tipo de ambivalencia es familiar. Tenía una buena medida de los rasgos anales fundamentales de orden y atención compulsiva a los detalles ; sin embargo, cuando se trataba de su modo de trabajar con los detalles tales como el menor giro de la frase en la narración de un sueño (que sólo un compulsivo se habría dado cuenta , en primer lugar) , mostró un don para la intuición . Después de todo , ya que Jones no se cansa de recordarnos , que era un genio , un hombre de una inteligencia extraordinaria .

NATURALEZA DE LA INTELIGENCIA DE FREUD

¿Qué tipo de inteligencia era él, thens Si adoptamos el marco de referencia de la Pruebas de inteligencia Wechsler , que era en primer lugar predominantemente verbal en lugar de una

rendimiento tipo de habilidad . No he visto ninguna evidencia de que Freud estaba especialmente dotado de su

manos . Fracasó como un experimentador químico (Jones, 1953 , p . 54) , y aunque era un buen

microscopista e inventó una nueva mancha de tejido durante sus años de aprendizaje científico
en el laboratorio fisiológico del Brocke , no hay evidencia de que él era experto en el final mecánica de la misma. Nunca fue lo que llamamos hombre aparatos kan , i un ingenioso
tinkerer.4 Por cierto , la implicación habitual de una notablemente mayor verbal sobre el rendimiento
10 serían llevados a cabo en el caso de Freud : él estaba seguro que nunca dado a la actuación, pero fue
siempre una intellectualiler y internaliler . Por otra parte, kThat hubo un pronunciado lado pasivo de la naturaleza de Freud es una conclusión para la que existe un amplio evidence.i Jones
(. 1953 , p 53) notas ; Khe comentó una vez que había tres cosas a las que se sentía unegual : rector , el curado, y educating.i Renunció a la hipnosis como ka toscamente interferir
metódica y pronto abjuró la imposición de las manos a pesar de que trató a varios de las damas de Estudios sobre la histeria por el masaje físico . Sentado guietly y escuchar gratis
asociaciones , respondiendo sólo verbalmente (en gran parte por las interpretaciones) , es el método por
la excelencia de un hombre con dones verbales y una aversión de manipular.
En el ámbito de la inteligencia verbal, podemos hacer algunas declaraciones más específicas como
así . Khe tenía un vocabulario enormemente rico , i Jones (1955 , p . 402) atestigua , kbut él era el
revertir de un pedante con palabras. " Sabía ocho idiomas , tener suficiente dominio del Inglés
y el francés para escribir artículos científicos cn esas lenguas. Hay una buena cantidad de pruebas
entre las líneas de los escritos de Freud de que la modalidad de su pensamiento era en gran parte verbal, como

4 nComo un joven médico que trabajé durante mucho tiempo en el Instituto de Química sin llegar a ser competentes en las habilidades que exige que las ciencias ; y por eso en mi vida despierta Nunca me ha gustado pensar en este episodio estéril y de hecho humillante en mi aprendizaje . Por otro lado tengo un sueño recurrente y regular de trabajo en el laboratorio, de la realización de análisis y de tener varias experiencias allí . Estos sueños son desagradables en la misma forma que los sueños de examen y que nunca son muy distintos . Mientras yo estaba interpretando uno de ellos, me llamó la atención fue finalmente atraído por la palabra "análisis" . que me dio la clave para su comprensión . Desde aquellos días me he convertido en un hanalyst ' , y ahora llevar a cabo análisis que son muy altamente hablan de ... n (1900 , p . 475)

contraposición a sin imágenes , visual, auditiva o kinestésica . El da evidencias de que
había sido un Eidetiker virtual hasta bien entrados sus estudios , sin embargo :
... Por un corto período de mi juventud algunas proezas inusuales de memoria no eran
más allá de mí .
Cuando yo iba a la escuela me lo tomé como algo natural que podía repetir de memoria
el
página que estaba leyendo ; y poco antes de entrar en la universidad pude anotar
conferencias casi textualmente populares sobre temas científicos directamente
después de oírlas .
(1901 , p . 135)
Su imaginería auditiva podría ser extraordinariamente vívida , también, al menos hasta
unos años más tarde ,
cuando estudiaba con Charcot en París. Durante estos días , informa , el KI Guite
menudo
oyó mi nombre llamó de repente por una voz inconfundible y querida ", que prosigue
para referirse a parpadear como khallucination " (1901 , p . 261) . Sin embargo, él
escribe sobre estos
experiencias de una manera tal como para indicar que , como la mayoría de
reproductores de imágenes eidética , que poco a poco
perdido la capacidad a medida que envejecía . Es cierto que sus sueños quedaron
vívidamente visual, y él
de vez en cuando era capaz de obtener una imagen visual fuerte en la vida de vigilia ,
pero emphasiled que
tales ocasiones eran excepcionales. Por otro lado , nunca he encontrado ninguna
indicación de que
Freud era aún consciente de que existe el pensamiento un fenómeno como sin
imágenes ; aunque
investigadores de Galton a Anne Roe han encontrado que muchos characteriles líder
figuras en disciplinas como las matemáticas y la physicsedisciplines teóricos que Jones
específicamente dice (1953, p. 33) Freud nunca podría haber sobresalido pulg
Tal vez hay una pista aquí que la mente de Freud no estaba a la vanguardia en la
medida de pensamiento como muy abstracto se refiere. Ciertamente él no era mucho
de un matemático. En una ocasión characteriled mismo de la siguiente manera :
He capacidades o talentos muy restringido. Ninguno en absoluto para las ciencias
naturales ; nada
para las matemáticas ; nada de nada guantitative . Pero lo que tengo , de un muy
restringido

naturaleza, era probablemente muy intensivo. (tuoted en Jones , 1955 , p . 397)
Como veremos un poco más adelante , esta debilidad relativa en el factor guantitative
tuvo una serie de efectos notables en la actitud de Freud de pensar.

Para summarile hasta el momento, en términos de capacidades , Freud tenía una inteligencia predominantemente verbal y el modo de pensar. Él era extraordinariamente dotado para la memoria, la concentración , pasivo (o como él decía , kevenly - suspendedi) la atención, y el concepto creativo - la formación . Su regalo era más analítica que sintética, al igual que su preferencia era para la primera sobre la segunda aspecto del pensamiento . No tenía notables regalos a lo largo de sensoriomotora , las líneas de manipulación , o guantitative , ni en los tipos más abstractos de pensamiento. Por encima de todo , tal vez no sea superfluo añadir , era productiva , original y creativo.

AUTO - DUDAS CRITICAS CONTRA UNO MISMO - DETERMINACIÓN CONFIDENTE
En pasar a algunos aspectos más estilísticos de su pensamiento , voy a seguir aplicando
antítesis . Uno de ellos es el aspecto cognitivo de un tema prominente en la personalidad de Freud : una
auto - crítica, incluso de retirarse y auto - dudar de modestia frente a una gran parte encubierta y negada
sed de fama junto con un gran auto - confianza. Un número de los guotations tanto desde
Freud y de Jones han tocado en su auto - lado crítico , y la evidencia de su profunda - anhelo sentado para ver su nombre grabado en una roca de las edades es omnipresente en Jones de tres
volúmenes , aunque el discípulo superó al maestro en protesta de que no era así . Ambos de estos
facetas de la mente de Freud salen en relación con las ideas que se exponen en Más allá del placer
Principio. Él escribió :
Lo que sigue es la especulación , a menudo lejos - la especulación descabellada , que el lector podrá considerar o descartar según su predilección individual. (1920 , p . 24)

y :
Cabe preguntarse si, y hasta qué punto soy yo convencido de la verdad de las hipótesis que han sido expuestos en estas páginas. Mi respuesta sería que no me convencí a mí mismo y que yo no pretendo convencer a otras personas a creer en ellos. O, más precisamente , que no sé hasta qué punto yo creo en ellos .... Ya que tenemos tan buenas razones para ser desconfiado, nuestra actitud hacia los resultados de nuestras propias deliberaciones no puede muy bien ser que no sea uno de benevolencia cool. (1920 , p . 59)
Él estaba hablando , por supuesto, de sus especulaciones más controvertidas , las relativas a la pulsión de muerte . Sin embargo, sólo unos pocos años más tarde, él escribió esto:

Para empezar sólo fue tentativamente que expongo las opiniones que he desarrollado aquí, pero en el transcurso de tiempo han adquirido tal poder sobre mí que yo ya no puedo pensar en ninguna otra manera. A mi juicio , son mucho más útiles desde un punto de vista teórico que cualquier otros posibles ; que establecen que la simplificación, sin que ninguna de ignorar o violentar los hechos , para lo cual nos esforzamos en el trabajo científico . (1930 , p . 119)

En resumen , tenía una tendencia a llegar a ser tan kaccustomed al facei de sus propias ideas en cuanto a considerarlos indispensables y, por último , según lo establecido , a pesar de que se presentaron inicialmente con gran modestia. De hecho , miró hacia atrás sobre las especulaciones temblorosas de Más allá del principio del placer como una base para apoyar su suposición fundamental de que tenía que haber dos clases de pulsiones instintivas :

Una y otra vez nos encontramos , cuando somos capaces de rastrear los impulsos instintivos de vuelta , que se revelan como los derivados de Eros. Si no fuera por las consideraciones presentadas en Más allá del principio del placer , y en última instancia para los componentes sádicos que se hayan adherido a Eros, que deberían tener dificultades para mantener a nuestro punto de vista fundamental dualista teoría del instinto pin) . (1923 , p . 46)

Aquí tenemos el primer indicio de uno de los problemas básicos con los que Freud luchó ,

y que ayudó a dar forma a la naturaleza de su pensamiento. Trabajando como lo hizo en un nuevo campo, sin criterios convencionales para establecer un conocimiento válido , tuvo que ser sostenido en contra de la auto inevitable - dudas, incluso la desesperación que lo que estaba haciendo podría conducir a ninguna parte, por una confianza irracional en sí mismo , una fe que sus intuiciones e hipótesis serían vindicados , e incluso un cierto grado de auto - engaño de que había establecido puntos más firmemente de lo que , de hecho, había sido capaz de hacer .

Su determinación de persistir en el rostro de su reconocimiento de que el progreso era difícil está bien expresada en el siguiente quotation :

Es casi humillante que , después de trabajar tanto tiempo , deberíamos estar teniendo dificultades en la comprensión de los hechos más fundamentales. Pero hemos hecho hasta nuestras mentes para simplificar y nada que ocultar nada . Si no podemos ver las cosas con claridad vamos a por lo menos vemos claramente lo que son las oscuridades . (1926a , p . 124)

Uno de los aspectos positivos de la habilidad de Freud para ser auto - crítico era su voluntad de cambiar sus ideas :

Debemos ser pacientes y esperar métodos frescos y ocasiones de la investigación . Debemos estar preparados , también, a abandonar un camino que hemos seguido durante un tiempo , si parece ser que no conduce a buen fin. Sólo los creyentes , que exigen que la ciencia debe ser un sustituto de la catequesis que se han rendido, culparán a un investigador para el desarrollo e incluso la transformación de sus puntos de vista . (1920 , p . 64)

Si él no siempre fue capaz de cumplir con este valiente programa, si él no pudo recognile que muchos de sus supuestos unguestioned no eran tan axiomáticamente cierto como él pensaba, estos son los conseguences necesarias del ser humano. Freud fue seguramente sostenido en su larga invitado por un apasionado interés por penetrar en los misterios de la naturaleza y una capacidad para cuidar profundamente acerca de sus ideas. Tanto más natural, por tanto , que debería haber tendido a veces

perder objetividad científica y confundir sus conceptos con la realidad . De este modo, se referiría a kEl hsuper - ego, ' uno de los hallazgos posteriores de psychoanalysisi (1900 , p 55f n 1 . .), O para kEl descubrimiento de que el propio ego está investido con libidoi (1930 , p 11f . ; énfasis agregado en ambos guotations) . Cuando hablé anteriormente sobre sus supuestos unguestioned , tenía principalmente en cuenta el modelo de reflejo pasivo del organismo , que hoy es demostrablemente falsa (Holt, 1965). Sin embargo, para Freud parecía tan auto - evidentemente cierto que se refirió a ella como un hecho en el que se pudo encontrar una de sus construcciones más guestionable :

La tendencia dominante de la vida mental, y quizá de la vida nerviosa en general, es el esfuerzo para reducir , para mantener constante o para eliminar la tensión interna debido a los estímulos. . . tendencia ea que se expresa en el principio del placer ; y nuestro reconocimiento de ese hecho es una de las razones más fuertes para creer en la existencia de pulsiones de muerte . (1920 , p 55f ; . . Cursivas en el original)

Otro aspecto de esta misma antítesis era la convicción de Freud de que la esencia de lo que él estaba exponiendo cra verdad , lo que se aprecia plenamente sólo por las generaciones futuras , en comparación con su expectativa de que gran parte de lo que enseñaba estaría guickly derrocado , como en el siguiente 1909 carta a Jung en respuesta al temor expresado de este último de que los escritos de Freud serían tratados como un evangelio :

Su suposición de que después de mi partida, mis errores podrían ser adorado como reliquias sagradas me divirtió muchísimo, pero yo no lo creo . Por el contrario , creo que mis seguidores se apresurarán para demoler lo antes posible todo lo que no está sano y salvo en lo que dejo atrás. (tuoted en Jones , 1955 , p . 446)

Freud mostró aquí la fuerza de su fe que había granos de la verdad eterna , así como el tamo en la cosecha de sus labores .

ANÁLISIS VERSUS SÍNTESIS

Otra antítesis familiar en el ámbito del pensamiento es el análisis frente a la síntesis. En este caso, la preferencia del inventor y namer del psicoanálisis era clara y marcada . En 1915 le escribió a Lou Andreas - Salomé :

Me siento tan rara vez la necesidad de síntesis. La unidad de este mundo me parece algo auto - entendido , algo indigno de atención . Lo que me interesa es la separación y la separación en sus componentes lo que de otra fluir juntos en una pulpa virgen. . . . En resumen, estoy evidentemente un analista y creo que la síntesis no ofrece obstáculos una vez se ha alcanzado el análisis. (1960 , p . 310)

Sin embargo, a pesar del hecho de que el concepto de la función sintética del yo se asocia menos con Freud que con Nunberg , papel de este último con este nombre (Nunberg , 1931) es en gran parte un simple dibujo en conjunto de puntos de Freud hizo de pasada en muchos contextos . Freud podría realizar hazañas notables de synthesiling muchos factsesee desconectada por ejemplo su revisión magistral de la literatura científica sobre los sueños (1900 , cap 1 .) Eand él nos enseñó mucho sobre el funcionamiento sintético; sin embargo, su habilidad y su predilección corrieron predominantemente a lo largo de las líneas de análisis .

DUALISMO DIALÉCTICA
Una de las razones que he adoptado el método de la antítesis en esta exposición es que un
preferencia por conceptos binarios opuestos era en sí muy característica del pensamiento de Freud.
Incluso en el ámbito del arte , él prefirió fuertemente el equilibrio de antiguity clásica; una carta a
Romain Rolland en 1930 habla de su amor kHellenic desproporcionada " (1960 , p . 392) . Y en
su propia teoría , sin duda es un sorprendente y bien - hecho conocido que los principales conceptos vienen en
emparejado pares opuestos . Tal vez lo más destacable es su teoría motivacional en sus diversas

disfraces . Bastante temprano , él enfrentó deseo inconsciente contra catexis preconscientes , entonces el
libidinal contra el ego - instintos , pasando a narcisista contra objeto - la libido, a Eros frente a los instintos de muerte (o el amor contra el odio); pero siempre fue una teoría dual de la impulsión . o
recordar kEl tres grandes polaridades que dominan Lifei mentales : activityepassivity , egoe
mundo exterior , y pleasureeunpleasure (. 1915a , p 140; énfasis de Freud) , a la que podría añadirse la de masculineefeminine . Muchas otras oposiciones vienen a la mente :
guantity frente guality , autoplástica frente aloplásticos , ego - sintónica frente ego - extranjero,

principio del placer frente al principio de realidad , libre versus catexis ligada , y la primaria

procesar en comparación con el proceso secundario . No es difícil demostrar que Freud concibe un

serie continua de los procesos de pensamiento reales entre los extremos teóricos de la primario y el proceso secundario , pero por lo general los utilizó de forma dicotómica.

Incluso cuando propuso tríadas de conceptos (Cs. , PC y UCS , . . . Ego, superego e id) , tuvo

una fuerte tendencia a reducir a forma binaria . El trabajo de 1923 es , después de todo, el derecho

meramente El yo y el ello ; y la distinción entre consciente e inconsciente siempre impresionó a Freud como un faro Kour - luz en la oscuridad de la profundidad - psychologyi (1923 , p .

1f) . Términos como la ambivalencia y el conflicto conceptualile este rasgo como hechos fundamentales de la

psicología. De hecho , se podría argumentar que muchos de los conceptos dinámicos antitéticas son una

conseguence directa de recogniling de Freud cómo el conflicto importante fue en ambos normal y

desarrollo patológico .

CONTRADICCIÓN tolerada (SÍNTESIS DIFERIDO)

Por otra parte, el pensamiento de Freud se characteriled por una tolerancia inusual para la inconsistencia . si

usted fue a través de las obras de cualquier autor tan prolífico como Freud , tendría , sin duda, encontrar

muchas declaraciones contradictorias entre sí , y muchas proposiciones que son en realidad

incompatible con sus supuestos básicos. Pero no es difícil encontrar otras razones para la presencia de inconsistencias en la obra de Freud , además de su gran volumen, lo que es enorme: su preferencia por lo que voy a exponer theoriling poco como seriatim y el empirismo por partes, los cuales son claramente que se espera de un hombre con una orientación de distancia de la síntesis , y una dejadez confesado con conceptos. Como Jones dice,

Escribía con facilidad, fluidez, y de forma espontánea , y se habría encontrado mucho volver a escribir fastidiosa . . . . uno de sus principales características pwasq su disgusto por verse obstaculizados o encadenado . Amaba a entregarse a sus pensamientos libremente, para ver dónde lo llevarían , dejando de lado por el momento cualquier question de delimitación precisa ; que se podría dejar para un nuevo examen . (1953 , p . 33f .)

Es cierto que él no vuelva a escribir y revisar varios de sus libros muchas veces. Afortunadamente, el

Standard Edition proporciona un texto Variorum y escrupulosamente nos informa de todos los cambios ,
edición por edición. No es difícil , por lo tanto , a characterile estilo de Freud de la revisión por parte de
El estudio de la interpretación de los sueños , Psicopatología de la vida cotidiana , y de tres
Ensayos sobre la teoría de la sexualidad . Estos libros, publicados por primera vez desde 1900 hasta 1905 , fueron
al ocho , diez y seis ediciones , respectivamente , todos ellos conteniendo adiciones de al
menos tan tardía como 1925. Así, que abarcan al menos dos períodos importantes en el desarrollo de
El pensamiento de Freud , incluyendo un momento - el cambio de llegar en los modelos. Sin embargo, una declaración cubre el
gran mayoría de las revisiones : añadió cosas . Nunca hubo ninguna fundamental reconsideración y poca síntesis preciosa . Tal vez si Freud no había tenido un excelente ejemplo
comando de la comunicación escrita por lo que rara vez tenía aún para pulir sus primeros proyectos , que
habría reelaborado sus libros más a fondo al pasar por nuevas ediciones. en más , añadió una nota ocasional señalando la incompatibilidad de una declaración con doctrinas posteriores . Incluso el Capítulo 7 de La interpretación de los sueños , de Freud más ambicioso y

importante trabajo teórico , se quedó prácticamente intacto a excepción de interpolaciones , después de que los tinkerings de 1915 y 1917, que deshicieron la posibilidad de regresión tópica , incluso después del vaciado rápido de todo el modelo topográfico en 1923 y su sustitución por el modelo estructural , que no prevé para el conceptualilation de cualquier proceso cognitivo completo. De hecho , hasta el final. Capítulo 7 contenía carry anacrónica - overs del modelo neurológico del inédito kProject , i que había precedido por cuatro años. A lo largo de todas las revisiones , Freud nunca elimina las caídas en las referencias a kneurones , i kpathways , iy kguantity.i
Freud construyó la teoría , entonces , por mucho que Franklin D. Roosevelt construyó el Ejecutivo
rama del gobierno : cuando algo no funcionaba muy bien , rara vez reorganiled ; él sólo suminista otra agencyeor concepteto hacer el trabajo . Tolerar este
mucha inconsistencia seguramente tuvo una capacidad inusual para retrasar el momento en que el
la gratificación de una teoría ordenada, coherente internamente , lógicamente coherente podría ser
alcanzado . Compare su auto - characterilation en la siguiente carta a Andreas - Salomé en

1917 ; él había estado contrastando a sí mismo con kEl sistema - buildersi Jung y Adler.
. . . que ha observado cómo trabajo , paso a paso , sin la necesidad interior de finalización , continuamente bajo la presión de los problemas de forma inmediata a la mano y tomando dolores infinitos , no se desvíen del camino . (1960 , p . 319)

Siete años antes , había escrito a Jung :
Me doy cuenta de que tiene la misma forma de trabajar como lo he hecho : estar en la mirada hacia fuera en la dirección que usted se sienta atraído y no tomar el camino directo obvio. Creo que esa es la mejor manera también, ya que uno se asombra más tarde para encontrar la manera directa esos rodeos llevaron a la meta correcta . (tuoted en Jones , 1955 , p . 449)

Para seguir la nariz empíricamente , sumándose a la teoría cualesquiera fragmentos podrían

acumular a lo largo de los wayethis fue el procedimiento con el que Freud se sintió en casa, con su fe en que en última instancia, la verdad prevalecería.

CONCEPCIÓN DEL MÉTODO CIENTÍFICO Y CONCEPTOS
Esta actitud era de una pieza con la concepción básica de Freud del trabajo científico .
ciencia
era , ante todo, una cuestión de la observación empírica , la cual por lo general contrasta con
la especulación de descrédito de este último. Como Freud concebía, una especulativa o filosófica ,
sistema comenzó con kclear y claramente definido conceptos básicos , i (1915a , p . 117) y construido en
este ksmooth , foundationi lógicamente inexpugnable (. 1914 , p 77) una kcomplete y ready - made
estructura teórica , i (1923 , p . 36), que podría keasily saltando a la existencia completa , y
a partir de entonces permanecerá unchangeablei (1906 , p . 271) . Pero kno ciencia, ni siquiera la más exacta , i
opera de esta manera:
El verdadero comienzo de la actividad científica consiste más bien en la descripción de los fenómenos y
luego en proceder al grupo , clasificar y correlacionar ellos. Incluso en la etapa de Descripción de la que no es posible evitar la aplicación de ciertas ideas abstractas para el material en
mano, ideas derivadas de algún lugar u otro , pero ciertamente no de la nueva observaciones por sí solos . . Deben en primer necesariamente poseer un cierto grado de
indefinición ; . llegamos a un entendimiento acerca de su significado , haciendo

referencias a los materiales de la observación de la que parecen haber sido derivada, pero sobre la que , de hecho , han sido impuestas repetido. . . . Es sólo después de una investigación más a fondo del campo de la observación de que somos capaces de formular sus conceptos científicos básicos con mayor precisión , y progresivamente para modificar los que se convierten en útil y consistente en una amplia zona . Entonces , de hecho, puede haber llegado el momento de confinarlos en las definiciones . El avance del conocimiento , sin embargo, no tolera ninguna rigidez incluso en las definiciones . (1915a , p . 117)

Al abordar un nuevo tema , por lo tanto :

En lugar de partir de una definición , parece más útil empezar con alguna indicación

de la gama de los fenómenos considerados, y para seleccionar de entre ellos algunos hechos especialmente llamativos y característicos a los que nuestra enguiry se pueda sujetar . (1921 , p . 72)

A partir de entonces , cualquier inguiry psicoanalítica debe . encontrar su camino paso a paso en el camino hacia la comprensión de las complejidades de la mente al hacer una disección analítica de ambos fenómenos normales y anormales. (1923. P. 36)
Pero debido a la complejidad de su objeto de estudio , el psicoanálisis no puede esperar éxitos Guick :
La extraordinaria complejidad de todos los factores que deben tomarse en consideración sólo deja
una manera de presentarlos ábrenos. Debemos seleccionar primero uno y luego otro punto
de vista , y su seguimiento a través del material , siempre y cuando la aplicación de la misma parece
dar resultados . Cada tratamiento por separado de la asignatura será incompleta en sí misma, y
no podemos dejar de ser oscuridades donde se toca el material que aún no ha sido tratada ; pero podemos esperar que una síntesis final conducirá a una comprensión adecuada .
(1915b , p . 157f .)

La verdad , cuando se alcanza , será más sencillo :
... No tenemos otra finalidad sino la de traducir en la teoría de los resultados de la observación , y negamos que exista la obligación por nosotros para alcanzar a nuestro primer intento de un pozo - la teoría redondeada que felicitar a sí misma por su simplicidad. Defenderemos las complicaciones de nuestra teoría , siempre y cuando nos encontramos con que cumplen con los resultados de la observación , y no vamos a

abandonar nuestras expectativas de ser conducido en la final por esas mismas complicaciones para el descubrimiento de un estado de cosas que , si bien simple en sí mismo, puede dar cuenta de todas las complicaciones de la realidad. (1915c , p . 190) Por lo tanto Freud demostró una capacidad de tolerar , además de la incongruencia y retardo ,
considerable indefinición conceptual o , en la terminología de hoy , la ambigüedad . kit es
cierto , yo estaba dispuesto a admitir, nociones kthat como la de un ego - la libido , la energía de la

ego - instintos , y así sucesivamente , no son ni particularmente fácil de entender, ni lo suficientemente rica en
content.i Sin embargo , el psicoanálisis sería kgladly propio contenido con nebuloso , apenas
conceptos básicos imaginables, que espera para aprehender con mayor claridad en el curso de su
desarrollo , o lo que es aún preparado para sustituir por othersi (1914 , p . 77) . Tenga en cuenta la
obligación indica aquí, que sigue con la suficiente claridad de su posición con respecto a la definición,
para hacer un balance conceptual periódica; si definiciones coherentes y útiles nunca precipitan
, el concepto debe ser abandonada . Como hemos visto , sin embargo , un proceso de tan regular
revisión fue guite incompatible con el estilo de Freud de trabajar y de pensar , y que rara vez
descartado conceptos cuando añadió otros nuevos. Es un poco triste, pero no sorprendente , para encontrar
que los instintos , que en 1915 (1915a , p . 117f .) fueron kat del momento. . . todavía algo
oscura, i se characteriled años 1f tarde como entidades kmythical , magníficos en su indefinitenessi (1933 , p . 95) .
Hace unos años , me decidí a probar mi mano en este proceso de eliminación , teniendo uno de
Conceptos definidos (la unión de investidura - centrales pero tantalilingly enfermo de Freud , véase Holt ,
1962) y siguiendo a través de sus escritos para ver qué tipo de definición surgió . la el trabajo de búsqueda y cotejo de los contextos en que se produjo, y educir el 14 diferente
significados que yo era capaz de discernel han encontrado otros más desde thenuewas gran
suficiente para hacerme realile que si Freud se había comprometido a trabajar sus propias teorías sobre

continua de esta manera, después de unos años no habría tenido tiempo de analyle más
pacientes , y mucho menos escribir algo nuevo . Es cierto , tuve la oportunidad de tamizar un significado central para
mi propia satisfacción , pero aún está por verse si muchos psicoanalistas serán convencidos de que deben abandonar la otra dolen o menos tipos de uso. Con Freud libre - y - fácil para ejemplo precedente , para algunos es fácil de justificar posponer el día malo

cuando los términos comenzarán a tener significados definidos y restrictivos .
Hasta ahora , he emphasiled la naturaleza a sabiendas provisional , tentativa de theoriling de Freud , su abjuración deliberada de cualquier intento de construir un sistema completo y coherente internamente , a favor del empirismo fragmentario insteadeguite un contraste con la visión de Freud como el sistemático dogmática que haria tolerar ninguna desviación de una línea kparty rígido " de theoryu sin embargo, esta concepción popular tiene sus raíces en el hecho también . Por un lado, Freud parece haber tenido un fluctuante , nunca conjunto explícito de las normas acerca de lo que habían sido probados partes del psicoanálisis, que sólo él podría cambiar con la impunidad, y qué partes son modificables por otros. Fiel a su principio aglutinador de revisión, dio la bienvenida a las adiciones , siempre y cuando no llamaron expresamente para la reconsideración de conceptos y proposiciones que habían llegado a parecer básico y necesario. Por lo tanto , las ideas de Adler sobre la inferioridad del órgano y la voluntad de poder eran aceptables hasta que el discípulo comenzó insistiendo en que se enfrentaron con la teoría de la libido y exigieron drástica revisión de este último.

ESTILO de la teorización
tuite aparte de la relación de Freud con las contribuciones de los demás (una cuestión que es
obviamente, mucho más complicada que la breve discusión anterior podría parecer implica) , hay bases para la concepción de Freud como un dogmático doctrinaria en cierta
peculiaridades estilísticas de su propia theoriling . Permítanme summarile primero y luego se expanden, con
ejemplos. Freud le gustaba de afirmar cosas kas se tratara , dogmaticallyein la más concisa
formar y en el termsi más uneguivocal (1940 , p 144 .); de hecho , fue una exageración de su
recursos retóricos favoritos. Cuando pensó que él vislumbró una ley de la naturaleza , afirmó que

con el universalismo de barrido y generalidad. Él era también aficionado a la ampliación de los conceptos de

el límite de su posible aplicación , como si se extiende el reino de los fenómenos abarcado por
un concepto era una manera de hacer que sea más abstracto y útil. Su dispositivo para escapar de la
peligros de la simplificación a la que este patrón lo expuesto fue seguir un plano declaración con otra que gualified por contradicción parcial. Por lo tanto , la inconsistencia en muchas de las proposiciones de Freud es sólo aparente . Estaba perfectamente bien
consciente de que una declaración desató otra , y utilizó esos seguences como una forma de dejar un
concepción ricamente complicado crecer en la mente del lector como consideraciones eran
uno introducido a la vez.
Aquí, entonces, es una de las razones por qué Freud es a la vez tan deliciosamente fácil de leer, y tan fácil
entender mal , sobre todo cuando las declaraciones se toman fuera de contexto. Su visión de la
comportamiento humano era inusualmente sutil , compleja , y muchos - en capas ; si se hubiera tratado de establecerlo
establece en frases de complejidad paralelo y la estructura jerárquica , se habría hecho Dr. Johnson parece Hemingway. En su lugar , escribe simplemente , directamente , con fuerza ; él
dramatiles por gran exageración, precisando en negro duro esboza lo que considera la verdad básica acerca de una cuestión como la orientación inicial del lector. Luego se llena en las sombras ;
o , por otro golpe audazmente simple, de repente muestra que las formas están dispuestas en diferentes
aviones . Poco a poco, un tres - realidad dimensional toma forma ante los ojos de la persona que
sabe leer Freud.

He aquí un ejemplo de una declaración plana inicial, seguido por gualifications :
La manera en la que los sueños tratan la categoría de los contrarios y contradictorios es muy notable . Simplemente se tiene en cuenta . 'No' parece no existir la medida en que los sueños se refiere. (1900 , p . 31f)

He afirmado anteriormente que los sueños no tienen medios para expresar la relación de un

contradicción , un contrario o un 'no'. Ahora procederé a dar una primera negación de esta afirmación. v La idea de hjust la inversa " es representado plásticamente como algo dio la vuelta a su orientación habitual.) (pág. 326)
... La hhnot poder hacer somethingn en este sueño era una manera de expresar un hno'e contradictionea ; de modo que mi afirmación anterior de que los sueños no pueden expresar una nnon reguires corrección , (p. 337)

(Un tercer ndenialn aparece en la p. 434.)

Tal vez un generalilation barrido aún más familiar es el siguiente :
Psycho --- análisis es justamente sospechosa. Una de sus reglas es que todo lo que interrumpe el progreso del trabajo analítico es una resistencia. (1900 , p . 517)
Con menos frecuencia guoted es la nota de Freud , en el que hace esta exasperante statementeso para muchos un analylanduemore apetecible ; es
. abrir fácilmente a malentendidos . Por supuesto, es sólo para ser tomado como una norma técnica,
como una advertencia a los analistas. No puede negarse que en el curso de un análisis diversos
eventos pueden ocurrir la responsabilidad de que no puede ser colocado sobre el paciente de
intenciones. Su padre puede morir sin que él lo asesinó ; o una guerra puede romper que reúne a cabo el análisis a su fin . Pero detrás de su evidente exageración del proposición está afirmando algo verdadero y nuevo . Incluso si el evento es interrumpir una real e independiente de la paciente, a menudo depende de él cuán grande Interrupción causa ; y la resistencia se manifiesta inequívocamente en la facilidad con que acepta una ocurrencia de este tipo o el uso exagerado que él hace de ella. (el subrayado es nuestro)
Con demasiada frecuencia (y por desgracia difícil de ilustrar por guotation) , el ablandamiento
instrucción que sigue a overgeneralilation inicial no se señala explícitamente , que no puede
seguir muy pronto, o no es, obviamente, relacionados . Para Freud , sin embargo , este fue un consciente
estrategia de avance científico ; las transformaciones de la opinión científica son desarrollos ,

no revoluciones . Una ley que se ha celebrado en un principio universalmente válido demuestra que es un caso especial de una uniformidad más completa, o se limita por otra ley , no se descubrió hasta más tarde ; una aproximación a la verdad se sustituye por una más cuidadosamente adaptado , que a su vez aguarda perfeccionar aún más (cf. 1927 , p . 55) .
Hay muchos ejemplos de declaraciones formuladas con la detención de la exageración puede ser fácilmente

citado .
Sobre la base de nuestro análisis del yo que no se puede dudar de que en los casos de
manía el yo y el ideal del yo se han fusionado . (1921 , p . 132)

. . . histeria. . . sólo se refiere a la sexualidad reprimida del paciente. (1906 , p . 27f)
. nadie puede dudar de que el hipnotizador ha entrado en el lugar del ideal del yo .
(1921 , p . 114)
Es cierto que gran parte del ego es en sí mismo inconsciente , y sobre todo lo que
podemos describir como núcleo ; sólo una pequeña parte de ella está cubierta por el
término kpreconscious.i (1920 , p . 19)

Strachey añade la siguiente nota bastante divertido al pasaje anterior :
. En su forma actual, esta sentencia data de 1921 En la primera edición (1920) se
ejecutó : kit puede ser que gran parte del ego es en sí mismo inconsciente ; sólo una
parte de ella, probablemente , esté comprendido en el término hpreconscious ' . i

En este caso, sólo le tomó un año para una probabilidad cauteloso para convertirse en
una certeza.
En otros casos , la hipérbole toma la forma de la afirmación de una unidad subyacente ,
donde sólo se observa una correlación :
Todos estos tres tipos de ptopographical de regresión , temporal y formalq son , sin
embargo ,
uno en la parte inferior y se presentan juntos como una regla; por lo que es más
antiguo en el tiempo es más primitivo
en la forma y en la topografía psíquica se encuentra más cerca del extremo de
percepción . (1900 , p . 54f)

Con demasiada frecuencia , la formulación de barrido toma la forma de una declaración
de que algo así como el complejo de Edipo es universal. Creo que Freud estaba menos
interesado en hacer una generalilation empírica de sus datos limitados que en las
tientas de esta manera por una ley básica de la naturaleza . Como Jones summariles la
carta de 15 de octubre , 1f97 , a Fliess ,
Había descubierto en sí mismo la pasión por su madre y los celos de su padre ; estaba
seguro de que se trataba de una característica humana general y que de ella se podría
entender el poderoso efecto de la leyenda de Edipo. (Jones , 1953 , p . 326)

Una vez más , cuatro años más tarde , él generaliled universalmente de su propio caso :
Hay por lo tanto corre por mis pensamientos una corriente continua de ' referencia
personal , "de
que generalmente tengo la menor idea , pero que traiciona a sí misma por esos casos
de mi
olvidando nombres. Es como si estuviera obligado a comparar todo lo que oigo acerca
de otro

gente con mi mismo ; como si mis complejos personales fueron puestos en estado de alerta cada vez que
otra persona es traída a mi atención . Esto no puede ser una persona física
peculiaridad de mi propia : debe más bien contener una indicación de la forma en que
entender ksomething que no sea nosotros mismos " en general. Tengo razones para suponer
que otras personas están en este sentido muy similar a mí. (1901 , p . 24)
Para el psicólogo contemporáneo, entrenado para ser cautelosos en generaliling desde pequeños
muestras , parece audaz hasta el punto de temeridad para saltar de auto - observación a un
ley general. Pero Freud fue envalentonado por el hecho mismo de que estaba tratando con vitales
cuestiones:
Me siento una aversión fundamental hacia su sugerencia de que mis conclusiones pabout la
etiología sexual de neurosisq son correctas , pero sólo en ciertos casos . . . Eso no es muy
así posible . Enteramente o no en absoluto. Ellos se preocupan por estas cuestiones fundamentales
que no podían ser válidas para un conjunto de sólo los casos . . . . Sólo existe nuestra especie , o bien
nada se sabe . Un aficionado que debe ser de la misma opinión . Así que ahora tengo confesado todo mi fanaticismu (Carta a Jung , 19 de abril 1909 ; . en Jones, 1955 , p 439)

Recuerde, también , el hecho de que los esfuerzos científicos iniciales de Freud antecedieron considerablemente la invención de la estadística, la teoría del muestreo , o el diseño experimental. En sus primeros días , cuando era más seguro en su papel como científico, Freud estaba estudiando neuroanatomía en el microscopio, y al igual que sus maestros y colegas respetados , generaliling libremente y de forma automática a partir de muestras de oneu
Luego, también , recordar que Freud fue el promulgador del principio de exceptionless determinismo en la psicología : todos los aspectos de la conducta eran legales , a su juicio, lo que hizo
fácil para él para confundir (a) la aplicabilidad universal de las leyes y conceptos abstractos con
(b) la ocurrencia universal de seguences de comportamiento empíricamente observables .
Por último, estamos tan acostumbrados a considerar a Freud un teórico kpersonality " que nos olvidamos de lo poco interesado que estaba en las diferencias individuales como en contra de los principios generales. Él escribió una vez a Abraham :

kPersonality " . . . es una expresión bastante indefinida tomado de la psicología de la superficie, y no contribuye mucho a nuestra comprensión de los procesos reales, es decir metapsicológicamente . (tuoted en Jones , 1955 , p . 43f)
A pesar del hecho de que él escribió grandes historias de casos , que los utilizó para ilustrar sus formulaciones abstractas , y no tenía ninguna convicción sobre el valor. científico o de interés del caso individual excepto como una posible fuente de nuevas ideas.
La inclinación a generalile arrebatador puede verse también en la tendencia de Freud a estirar los límites de sus conceptos. La mejor - conocido , por no decir más sonado , se el de la sexualidad . En sus primeros trabajos , la etiología de la neurosis ksexual " significaba literal
seducción, siempre involucra la estimulación de los genitales. Más bien guickly , en los tres

Ensayos, el concepto se amplió , primero en incluir todas las unidades kpartial , i basan en el
oral, anal , fálica y - lones erógenas uretrales , más el ojo (por el voyeurismo y exhibicionismo) . Pero cuando encontró casos en los que otras partes del cuerpo parecían servir la función de los órganos sexuales , Freud extendió el concepto de erógena solitario para incluir la proposición de que todas las partes de la piel, además de todos los órganos internos sensibles , podría dar lugar a de excitación sexual . Además, kall relativamente intensos procesos afectivos , incluyendo incluso las más terribles , zanja sobre sexualityi (1905b , p 203 .); y finalmente :
Es muy posible que nada de considerable importancia puede ocurrir en el organismo sin aportar algún componente para la excitación del instinto sexual, (p. 205)
Un proceso similar parece haber ocurrido en desdibujamiento de Freud de las distinciones entre los
diversos instintos del yo , y que entre los instintos del yo y libido narcisista , que era resolviera la finalmente poner todo junto en la noción de Eros, el instinto de vida .

MÉTODO DE TRABAJO
Habiendo examinado hasta ahora algunas de las características generales del pensamiento de Freud y su estilo de
theoriling científica , ahora vamos a preguntarnos cómo trabajó con sus datos. Hasta ahora, sólo hemos visto
que hizo hincapié en la observación como herramienta principal del empirismo científico. Su más
paciente importante , recordemos , era él mismo. En su auto - análisis (especialmente durante
A finales de los 1f90) , hizo sus descubrimientos fundamentales : el significado de los sueños, el de Edipo
complejo , la sexualidad infantil , y así sucesivamente . Este hecho debería recordarnos su don para la auto -

observación . Por supuesto, era la edad de la introspección entrenada como un método científico de la
psicólogos académicos ; pero eso era otra cosa. Auto --- observación de Freud era de ese tipo que llamamos psicológicamente - mente ; no era un fenomenólogo , curiosidad por el

givens primas de experiencia o interés en analyling los datos de la conciencia en su inmediatez kpresentational " (Whitehead) . Incluso cuando se mira hacia dentro , trató de penetrar en la superficie de lo que encontró allí , para buscar las causas en términos de deseos , afectos, ilusiones, fantasías , y los residuos de las experiencias emocionales de la infancia. Considere lo poco que se ha oído hablar de tales asuntos de Wundt o Titchener , y se hace evidente que el estilo cognitivo de Freud jugó un papel en su uso unigue de un instrumento común.
Observación, cuando se aplica a sus otros pacientes , significa en primer lugar el uso del libre
asociación. Se alentó a la paciente para informar todo sobre sí mismo sin
la censura , por lo que el analista puede observar directamente la lucha para cumplir con esta
aparentemente simple reguest , y observar indirectamente la gama más amplia de la vida importante
experiencias como se informó . Pero estos hechos terapéuticamente significativas , y la aún más
manifestaciones importantes de la transferencia que se desarrolló en el interpersonal real
situación de tratamiento, fueron típicamente enterrado en un pajar de detalles triviales . Freud
en consecuencia tenido que desarrollar a sí mismo en un instrumento altamente selectivo que al mismo
el tiempo era lo más posible libre de prejuicios . La solución que adoptó , el de un kevenly -
atención flotante " (1912a , p . 111) , acompañado en su aparente unselectiveness la actitud
instó al paciente libremente asociados ; en tanto , la teoría afirma que el proceso de la suspensión de las normas convencionales de juicio consciente dejaría fuerzas inconscientes
orientar la producción y la recepción de los datos . Sólo un hombre con una confianza básica en la
profundidades de su propio ser habrían estado dispuestos a dejar que su inteligencia consciente parcialmente
abdicar de esta manera.

La actividad principal de la analista, Freud indicó , estaba ofreciendo interpretaciones de la producciones del paciente. En una forma , estos constituyen un primer nivel de conceptualilation (es decir, un primer tratamiento de datos) , así como una intervención que se calcula para producir más y altera el material de la paciente . En el procesamiento posterior de los datos acumulados en un caso, y de hecho, de otros tipos de datos, la interpretación juega un papel fundamental ; en algunos aspectos, es lo que le da su carácter unigue psicoanálisis como un modo de inguiry en el comportamiento humano. Si Freud ofreció la interpretación al paciente o simplemente lo utilizó en su formulación de las características esenciales del caso , a menudo tomó la forma genética de una reconstrucción histórica de seguences de eventos críticos en el pasado del paciente . Aquí vemos un rasgo característico del pensamiento de Freud : el uso de la causalidad histórica (en lugar de ahistórico) . Desde Kurt Lewin, la moda en la psicología ha sido muy a favor de la causalidad ahistórico , aunque la forma histórica recientemente se ha argumentado con fuerza en una forma altamente sofisticada (Culbertson, 1963).

Como Freud utilizó la interpretación en el sentido más estricto , es esencialmente un proceso de
la traducción, en el que los significados en el comportamiento y las palabras de la paciente fueron sustituidos por una
pequeño grupo de otros significados de acuerdo a reglas más o menos especificables (Holt , 1961) . pero
estas reglas estaban sueltos y peculiar , ya que incorporan el supuesto de que el paciente
comunicaciones habían sido sometidos a una serie de distorsiones (en gran medida de defensa) de acuerdo con
el proceso primario irracional. El trabajo del analista, por lo tanto, era de revertir las distorsiones
en la descodificación de las producciones del paciente con el fin de discernir la naturaleza de su inconsciente
conflictos y sus modos de luchar con ellos. Por lo tanto, es un método de descubrimiento . con el
excepción menor de un número de símbolos recurrentes , las normas para este tipo de decodificación pueden ser
declaró en sólo términos generales , y una gran cantidad se deja al uso creativo del analista de su propia
proceso primario .

Por lo tanto, la interpretación es, obviamente, difícil de usar y fácil de los abusos, como Freud sabía muy bien . Una de sus críticas favoritos de antiguos seguidores disidentes era que sus interpretaciones eran arbitrarias o inverosímil.
¿Cuál es, entonces, fueron sus criterios para distinguir profundo y perspicaz de la mera tensa y distante interpretationss Las discusiones más detalladas que he encontrado de

esta fecha guestion remonta a mediados del 1f90 , cuando Freud estaba defendiendo su teoría de que
neurosis fue causado por el trauma reprimido de la seducción sexual real en la infancia. dio
una serie de criterios , como el tipo y la cantidad de afecto y la resistencia se muestra, por la que
cerciorado de que las interpretaciones (o construcciones históricas) que ofreció su pacientes a lo largo de estas líneas eran válidas , y por creer los informes de algunos de los que
inicialmente lo estimuló a ensayo este enfoque. Sin embargo, como sabemos, ninguno de los presuntos
garantías eran suficientes ; Freud finalmente decidió rechazar la krecollectionsi como fantasías. a
el día de hoy , proporcionando criterios para evaluar las interpretaciones sigue siendo uno de los principales
problemas metodológicos no resueltos en todas las escuelas de psicoanálisis .

MÉTODO DE PUNTOS Proving (verificación)
Una vez que él había hecho sus interpretaciones y explicaciones genéticas de sus diferentes tipos de datos a su propia satisfacción , Freud había formado sus principales hipótesis. Ahora se dedicó a probar ellos. Vamos a examinar las formas en que trató de establecer sus puntos de cálculo de referencias de sus pruebas y sus argumentos. Sorprendentemente , se utiliza a menudo lo que es esencialmente el razonamiento estadístico para hacer sus puntos. Es cierto que por lo general toma la forma simple de asegurar al lector que ha visto el fenómeno en guestion repetidamente :

Si se tratara de un guestion de un caso único como la de mi paciente , uno se encogía de hombros a un lado. Nadie se atrevería a levantar en una sola observación una creencia que implica tomar una línea tan decisivo . Pero debes creerme cuando te aseguro que este no es el único caso en mi experiencia. (1933 , p . 42)
Muchos psicólogos parecen tener la impresión de que Freud basó freguently importante proposiciones sobre casos individuales ; pero he buscado cuidadosamente todo su caso importante historias para
casos, y han encontrado none.5 Escribió ya en el caso de Dora, un solo caso puede kA nunca será capaz de demostrar un teorema tan general como esta onei (1905c , p . 115) . En su
primeros trabajos psicoanalíticos , Freud y otra vez guoted tales estadísticas como la siguiente :
. mi afirmación . . . se apoya en el hecho de que en algunos dieciocho casos de histeria he sido capaz de descubrir esta conexión en todos y cada uno de los síntomas, y, cuando las circunstancias lo permitían , que lo confirme el éxito terapéutico. Sin duda, es posible plantear la objeción de que el siglo XIX o XX, el análisis será tal vez mostrar que los síntomas histéricos se derivan de otras fuentes también , y por lo tanto reducen

la validez universal de la etiología sexual a una de ochenta por ciento . Por todos los medios vamos a esperar y ver ; pero , puesto que estos dieciocho casos es al mismo tiempo todos los casos en los que he sido capaz de llevar a cabo la labor de análisis y dado que no fueron recogidos por cualquier persona para mi conveniencia, le resultará comprensible que no comparto tal expectativa , pero estoy dispuesto a dejar que mi creencia correr delante de la fuerza probatoria de las observaciones hasta ahora he hecho. (1f96 , p . 199f .)

Boring (1954) ha señalado que en este uso del razonamiento estadístico , ya que esto , Freud

no avanzó más allá del método de Mill de acuerdo, que es el más elemental y menos confiable canon de la inducción. En el documento que acabo de guoted , Freud considera la

posibilidad de utilizar la esencia del método recomendado conjunta de Mill de acuerdo y

5 Véase más arriba , sin embargo , para ver ejemplos de su generaliling libremente de auto - observación. Al parecer , la naturaleza inherentemente convincente de los datos introspectivos anuló su cautela general.

desacuerdo. Se objetará , dice, que muchos niños se dejan seducir , pero no llegan a ser histérica , que le permite ser cierto, sin socavar su argumento ; para él compara la seducción para el bacilo tuberculoso ubiguitous , que se kinhaled por mucha más gente que se encuentra a enfermarse de tuberculosisi (p. 209) , sin embargo, el bacilo es el determinante específico de los diseaseeits necesarias pero la causa no es suficiente. Consideró la posibilidad de que puede haber pacientes histéricos que no han sido sometidos a la seducción , pero guickly despedidos ella; tales supuestos casos no habían sido psychoanalyled , por lo que la alegación no se había demostrado . Al final, por lo tanto, Freud argumentó simplemente su manera de salir de la necesidad de considerar cualquier pero sus propios casos positivos , por lo que era incapaz de utilizar el razonamiento estadístico de ninguna manera convincente o coercitiva.

De hecho , las referencias en sus escritos a los números de casos tratados abandonaron casi por completo después de 1900 ; en cambio , se encuentra guasi confianza - activos guantitative de este tipo : el descubrimiento kThis , que era fácil de hacer y puede ser confirmado con la frecuencia que se quisiera . . . i (1906 , p 272 .) , o tales admoniciones severas como esto:

Las enseñanzas del psicoanálisis se basan en un número incalculable de observaciones

y experiencias, y sólo alguien que ha repetido estas observaciones en sí mismo

y en los demás está en condiciones de llegar a un juicio de su propia sobre ella. (1940 , p . 144)

A largo guotation desde 1f96 justo por encima , tenga en cuenta la entrada de otro modo característico de argumento a menudo utilizado por Freud : la teoría es probada por sus éxitos terapéuticos. A veces se dice con lo que hemos visto que es una hipérbole característica :

El hecho de que en el technique de psico - análisis se ha encontrado un medio por el cual los contrainvestidura pof fuerza de oposición en repressionq se pueden quitar y las ideas en guestion hicieron consciente hace que esta teoría irrefutable. (1923 , p . 14)

Podía guote muchos pasajes en los que se hace el mismo tipo general de argumento: Freud cita como kproofi o como kconfirmationi un conjunto de circunstancias que no sirven para
aumentar la probabilidad de que la declaración es verdad, pero no clavarlo en un manera rigurosa. Los últimos medios de prueba , para Freud , fue el simple ostensiva una:
Se nos dice que la ciudad de Konstanz está ubicado en el Bodensee . Una canción estudiante suma : kif usted no lo cree , vaya y vea " Sucede que han estado allí y puedo confirmar el hecho de r (1927 , p 25 .) .
En muchos lugares, Freud aplicó este principio básico de la prueba de la realidad de psychoanalysise si usted no cree , vaya y vea por usted mismo ; y hasta que haya sido analyled y , preferiblemente , también han sido entrenados para llevar a cabo psicoanálisis de los demás por sí mismo , no tiene bases para ser escépticos .
Freud no vio que el proclamador de una afirmación toma sobre sí la carga de demostrarlo . Es dudoso que alguna vez oyó hablar de la hipótesis nula ; Seguramente él no tenía ninguna concepción de la metodología sofisticada que este extraño término connota . En varios lugares , que , por así decirlo, guite revela inocentemente su desconocimiento que por proposiciones empíricas que deben tomarse en serio, que deberían ser , en principio, refutable . Por ejemplo , después de afirmar que el deseo ka que se representa en un sueño debe ser un uno infantil, i (. 1900 , p 553 ; énfasis de Freud) , observa:
Soy consciente de que esta afirmación no puede probarse para celebrar universalmente ; pero se puede probar para mantener freguently , incluso en los casos insospechados . y no puede ser contradicho como una proposición general. (1900 , p . 554)
Por lo menos , en este pasaje que él mostró la realilation que una proposición universal no puede ser probada ; pero más tarde fue para referirse a otra de esas

norma establecida en La interpretación de los sueños . . . Pasq confirmado desde entonces más allá de todo
duda, que las palabras y discursos en el sueño - contenido son no recién formado . . . (1917 ,
p . 22f)
Es cierto que cada nuevo caso de una proposición universal reclamado no fortalecer su credibilidad y la probabilidad de que sea digno de confianza. Si tenemos en cuenta que nada más se significó por escrito psicoanalítico por las afirmaciones de la prueba , vamos a estar en un terreno relativamente seguro.

Freud no suelen escribir como si estuviera familiarizado con la distinción entre la formación de hipótesis y ponerlas a prueba . Sin embargo, era consciente de ello, ya veces era suficiente modesto acerca de la naturaleza exploratoria de su obra:

Así, este punto de vista se ha llegado por inferencia ; y si de una inferencia de este tipo uno se ve llevado , no a una región familiar, pero por el contrario, a una que le es ajeno y nuevo para

el pensamiento de uno , uno llama a la inferencia de un khypothesisi y con razón se niega a considerar el

relación de la hipótesis de que el material del que se dedujo como una kproofi de ella .

lo

sólo puede ser considerado como kprovedi si es alcanzado por otro camino , así pN.B. :

Cruz -

validationuq y si se puede demostrar que es el punto de todavía otras conexiones ganglionar .

(1905a , p . 177F .)

He examinado los métodos de poner en orden sus datos y razonamiento acerca de ellos en el intento de demostrar sus puntos de dos maneras de Freud : haciendo una colección general cada vez que me encontré con casos en los que se llegó a conclusiones de forma explícita , y por un escrutinio cuidadoso de todos sus argumentos para el concepto de un inconsciente psíquico en dos de sus principales papeles , kA Nota sobre el Inconsciente en Psychoanalysisi (1912b) y kEl Unconsciousi (1915c) . Sería tedioso y - consumo de documentar mis análisis de sus modos de argumentación ; Me limitaré a dar mi conclusión.

Es , guite simplemente , que Freud rara vez demostró nada en un sentido riguroso de la palabra.

Rara vez sometido hipótesis para el tipo de cruz - validacional compruebe que abogó en el último pasaje guoted . A menudo es convincente , casi nunca de manera coercitiva . Fue guite listo para usar dispositivos que hablaba con desprecio de sus agudos critiques del razonamiento utilizado por sus opositores : el dictum de autoridad , pidiendo la guestion , argumentos por analogía, y se retira a la discusión de kmatters que están alejadas de los problemas de nuestra observación , y de la que tenemos tan poco cognilance , que es tan ocioso disputar . . . en cuanto a affirmi ellos (1914 , p . 79) . En realidad, lo que Freud hace es hacer uso de todos los recursos de la retórica. Él respalda una declaración general de un claro ejemplo en el que es claramente operativa; construye plausibles cadenas de causa y efecto (después de que el principio de post hoc ergo propter hoc), argumenta a fortiori ; y utiliza entimemas extraer conclusiones razonadas . Un entimema corresponde en la retórica del silogismo en logic.6 En él, una premisa es a menudo, pero no suprime necesariamente , y , a diferencia del silogismo , es un método para establecer probable en lugar de la verdad exacta o absoluta.

Además, trata de atraernos nuestro acuerdo por una franqueza desarmante de dirección de personal,

y por entrar en el papel de la oponente para levantar argumentos difíciles contra sí mismo,
después de lo cual sus puntos de refutación parecen aún más revelador . Su escritura es vivida con
metáfora y personificación, con destellos de ingenio , vuelos poéticos en analogías extendidas
o símiles , y muchos otros dispositivos para evitar un nivel consistentemente abstracta del discurso.
Cuando la línea de razonamiento de un número de sus entimemas en kEl Unconsciousi es

6 Para ejemplos , vea los pasajes guoted de Freud (1901 , en la pág . 45 supra , y el próximo paso guoted , en la p. 46) . anteriormente.

cuidadosamente explicado , es sorprendentemente débil e implica varias incongruencias no . En sus intentos de refutar otros, freguently hizo uso del recurso retórico de hacer el argumento de la otra parece improbable , apelando a su inverosimilitud al sentido común y la observación cotidiana .
En primer lugar , él pRankq asume que el niño ha recibido cierta sensorial impresiones , en particular de una clase visual , en el momento del nacimiento , la renovación de las cuales puede
recordar a su memoria el trauma del nacimiento y por lo tanto provocar una reacción de ansiedad. este
suposición es guite infundados y extremadamente improbable. No es creíble que un niño
debe retener cualquier pero las sensaciones táctiles y generales relacionados con el proceso de nacimiento .
(1926a , p . 135)

USO DE FIGURAS DEL LENGUAJE
Porque tengo un interés especial en las figuras del discurso , me prestó especial atención a la forma en que Freud utilizó este recurso retórico . Los editores de la edición estándar han hecho la tarea relativamente fácil por las entradas de índice para cada volumen , bajo el título kAnalogies.i Recogiendo dos volúmenes más o menos al azar (Wii y WIV) , busqué las 31 analogías tan indexado y procuré para ver de qué manera los empleó Freud .
Como dijo un profesor de retórica (Genung , 1900) , el valor kEl tanto de ejemplo y de la analogía es , después de todo bastante ilustrativo de lo argumentativo ; que son en realidad instrumentos
de exposición, empleado para hacer el tema tan claro. . . que los hombres pueden ver la verdad o el error

de la misma para themselves.i En su mayor parte , en estos dos volúmenes Freud utilizó como analogías
kinstruments de exposición, incluidos i después de una discusión había sido completamente declaró en su
términos propios , añadir animado , concreción visualilable ; algunas de ellas son pequeñas bromas , añadiendo un
toque de alivio cómico para aligerar la carga del lector. A veces , sin embargo , la analogía se mueve
en la corriente principal del argumento y sirve a un propósito retórico más directo ; es

verdad, sorprendentemente, bastante más a menudo en el vol . WIV , que contiene la austera
papeles metapsicológicos , que en vol. Wii, dedicado en gran parte al caso de Schreber y la
documentos sobre technigue . Resulta , sin embargo, que se produce el uso argumentativo de analogía
en gran medida en los pasajes polémicos donde Freud está tratando de refutar la directora
argumentos con los que Jung y Adler ruptura de sus vínculos con el psicoanálisis clásico ; en su mayoría ,
toma la forma de burla , una forma de desacreditar a un oponente al hacer su argumento
aparecer ridículo en lugar de reunirse en sus propios terrenos . No es difícil de entender cómo Freud enojado debe haber sentido en las apostasías en rápida sucesión de dos de sus más
adherentes talentosos y prometedores , por lo que la fuerte afectar tenido su efecto habitual de la degradación de la
nivel de discusión.
Freud utiliza analogías en otros dos tipos de formas en los periódicos metapsicológicos , sin embargo . En unos pocos casos , la analogía parece haber desempeñado el papel de un modelo. Es decir,
cuando escribió ese complejo kEl de la melancolía se comporta como una herida abierta , llegando a
en sí . . hanticathexes ' . . . desde todas las direcciones , y vaciado del ego hasta que esté totalmente
empobrecida " (1917 , p . 253) , revivió una imagen que él había utilizado en un inédito borrador, escrito y enviado a Fliess 20 años antes (1ff7 - 1902 , p 107 septies . .); por otra parte , debía
utilizarlo de nuevo cinco años más tarde en la teoría de la neurosis traumática (1920 , p . 30) . Curiosamente
suficiente , en ninguna de estas versiones se Freud dice explícitamente lo que hay alrededor de una herida que
hace que sea un análogo de utilidad. Obviamente, sin embargo , tuvo en cuenta la forma en que los leucocitos

se reúnen alrededor de los márgenes de una lesión física , un mecanismo de defensa médica que puede
asi ser un ancestro principal del concepto de mecanismos de defensa psíquicos . Seguramente se formó
un patrón importante del pensamiento de Freud , que influyó directamente en las clases de
constructos psicológicos que invoca y algunos de lo que hizo con ellos .

El otro uso de una figura extendida de expresión no emplea una analogía en la estricta sentido y por lo tanto no está indexado . (De hecho , la gran mayoría de las analogías de Freud no son indexados ;
sólo los prolongados los que se asemejan a los símiles épicos . Pero el texto es tan denso con tropos de
un tipo u otro que un índice completo sería poco práctica enorme.) Soy en referencia a un ejemplo de un dispositivo freudiana característica , el mito kscientific , i como se
llamado el mejor - ejemplo conocido , la leyenda de la horda primitiva . Cerca del comienzo de
kInstincts y su Vicissitudesi (1915a) , después de considerar el concepto de accionamiento guite
abstractamente desde el punto de vista de la fisiología, y en relación con el concepto de kstimulus , i de repente dice:
Imaginémonos a nosotros mismos en la situación de un organismo vivo casi totalmente indefenso,
aún no orientada en el mundo . que está recibiendo estímulos en su sustancia nerviosa , (p.
119)
¡Qué imageu arrestando Y tenga en cuenta que esto no es una mera figura convencional de la palabra,
en que el hombre se compara punto por punto a un organismo primitivo hipotético. En lugar de ello ,
aquí se nos da una invitación a la identificación. Freud nos anima a anthropomorphile , de imaginar cómo sería si nosotros, como adultos y gente pensante , estábamos en el indefenso y
posición expuesta él va a dibujar tan gráficamente . Parece natural , por lo tanto , cuando
atributos fácilmente a la pequeña animalcule no sólo la conciencia, sino la auto - awarenessean
Atribuimos que realile , en la reflexión sobria , para ser un ser humano uniguely y bastante sofisticado
logro. Su frase introductoria , sin embargo , nos invita a la vez de suspender la incredulidad y la
renunciar a las reglas habituales de pensamiento científico. Es como de Klet de un niño pretenden "; nos lleva a

esperamos que este no es tanto una manera de empujar hacia adelante su argumento como un temporal
digresión ilustrativa ; al igual que sus analogías habituales , un día de fiesta pictórica del disco teórico

pensando. Pronto descubrimos que él utiliza esta suspensión de las reglas como una forma de permitir a sí mismo una libertad y fluidez de razonamiento que de otro modo no sería aceptable . Y sin embargo, él procede a partir de entonces como si el punto se había probado de forma rigurosa .
La concepción de una natación del organismo completamente vulnerable en un mar de peligroso
energías fue otra imagen recurrente que parece haber hecho una profunda impresión en
Freud. Desempeña un papel aún más importante en el desarrollo de su argumento en Más allá del
Principio del placer , a pesar de que se introduce de una manera algo más sobrio (Klet nosotros la imagen de un
organismo vivo en su forma más simplificada posible como una vesícula indiferenciada de un
sustancia que es susceptible a stimulationi ; 1920 , p . 26) . Sin embargo, él no presenta explícitamente
como una hipótesis acerca de la naturaleza del primer organismo vivo ; de hecho, nunca se convierte en
guite claro qué tipo de estatus existencial este kvesiclei tiene . Freud procede con algunos
digresiones para suponer que el organismo sería asesinado por los kmost energiesi poderosos
que lo rodea si permanecía sin protección , y que la cocina de su capa externa formó una
corteza que protegía lo que había debajo. De repente , Freud da un salto poderoso de esta
célula viviente original, en parte dañado : Kin altamente desarrollado organismos de la cortical receptivo
capa de la antigua vesícula mucho tiempo se ha retirado a las profundidades del interior de la
cuerpo, aunque parte de los mismos se han quedado atrás en la superficie inmediatamente debajo de la ·
escudo general contra stimulii (p. 27f .) . Implícitamente , se ha asumido que su unicelulares
Adam ha sido fructífera y se ha poblado la tierra, siempre que pasa a lo largo de sus costras originales
por la herencia de los caracteres acguired .
Justo cuando crees que Freud presenta una teoría lamarckiana altamente fantasiosa sobre

el origen de la piel , que cambia la metáfora . En primer lugar, sin embargo, él hypothesiles que kEl

displacer específico de dolor físico es probablemente el resultado de el escudo protector que tiene
ha roto . . . . Energía de investidura es convocado por todos los lados para proporcionar suficientemente altas investiduras de energía en las inmediaciones de la infracción . Un hanticathexis ' en un
gran escala se establece, en cuyo beneficio todos los demás sistemas psíquicos son impoverishedi
(p. 30) . A lo largo de por aquí , el fuerte - Lector de ojos va a hacer una doble toma : sonaba como si
Freud hablaba de una herida física en la piel, pero lo que se convocó a su márgenes no son las células blancas de la sangre , pero Guanta de energyu psíquicos
Luego, en la siguiente página,
nos enteramos de que kpreparedness para la ansiedad y la hypercathexis de los sistemas receptivos
constituyen la última línea de defensa de la protección contra los estímulos i (p. 31) .
Este escudo , la cual
parecido tan concreta y física , resulta ser una metáfora envuelta en un mito.
Es cierto que todo este cuarto capítulo fue presentado por el párrafo siguiente desarmante franqueza :
Lo que sigue es la especulación , a menudo lejos - la especulación descabellada , que el lector
considerar o descartar según su predilección individual. Además, es un intento de
siga a cabo una idea consistente, por la curiosidad de ver a dónde nos llevará . (1920 , p . 24)
A la luz de la evolución posterior de las teorías de Freud , en el que , como hemos visto
que vino a apoyarme en este curioso tejido de especulaciones , como si se tratara de
una tela con firmeza de apoyo , parece que este modesto renuncia es otra de Klet
pretenden '', de manera que Freud , como Brittania , podrá renunciar a las reglas.

RETÓRICA DE FREUD

El resultado de esta encuesta de los medios Freud utilizó en su búsqueda de la verdad es que él
basado en gran medida en todos los dispositivos clásicos de la retórica. El efecto no es demostrar , en cualquier
sentido riguroso , sino para persuadir, utilizando en cierta medida, los dispositivos de un ensayista , pero aun

más las de un orador o abogado, que escribe su breve y luego argumenta el caso con toda la eloguence a su disposición. Nótese que he basado esta conclusión principalmente en una encuesta a , papeles teóricos más técnicos de Freud y libros . En estas obras maestras para el lector general como su varia serie de conferencias introductorias (1916-1917 ; 1933) o la cuestión de Análisis Lay (1926b), la forma retórica es aún más explícito ; el último trabajo llamado en realidad está fundido en la forma de un diálogo prolongado, evocando directamente a los textos clásicos griegos de los que Freud era tan aficionado .

Hay una tendencia hoy para tomar krhetorici como un término un poco peyorativo. Excepto en las mentes de los platónicos , que no tenía tal connotación en la época clásica . Como Kennedy (1963) señala,

Uno de los principales intereses de los griegos fue la retórica. . . . En su origen e intención retórica era natural y bueno : produjo la claridad , el vigor y la belleza , y se levantó lógicamente de las condiciones y gualities de la mente clásica. La sociedad griega se basaba en la expresión oral. . . . La agitación política se logra generalmente o derrotado por el boca a boca . El sistema judicial fue igualmente oral. . . Toda la literatura se escribió para ser oído, e incluso cuando se lee a sí mismo un griego leyó en voz alta (p. 3f).

La retórica , como la teoría de la comunicación persuasiva , era necesariamente un buen negocio más que eso ; que era la única forma de crítica en el pensamiento griego . En una de las definiciones de Aristóteles , la retórica es el proceso de ka de la crítica en la que se encuentra la ruta de acceso a los principios de toda inguiriesi (Temas I; guoted en McBurney , 1936 , p 54 .) .

Dado que la ciencia no era tan marcadamente diferenciado de otros métodos de búsqueda de la verdad

a continuación, ya que se convirtió más tarde , la retórica era lo más parecido a la metodología científica de que el

Griegos tenían . En la presentación de Artistot , había dos tipos de verdad : exactas o ciertas , y

probable. El primero fue la preocupación de la ciencia , que operaba a través de silogística

la lógica o la enumeración completa . Todos los otros tipos de conocimiento meramente probabilístico fueron los reinos de inguiry argumentativo , que operaba a través de la dialéctica y la retórica . Pero la única disciplina a la que se aplica el criterio de Aristóteles de knowledgei científica kungualified son las matemáticas (interpretado hoy para incluir la lógica simbólica); sólo en tal ciencia puramente formal se puede utilizar el procedimiento deductivo estricto y certeza alcanzada.

Entro en tanto detalle acerca de la retórica griega , ya que me sugiere un posible iluminando hipótesis . Sobre todo lo que puedo hacer para que sea plausible, es de señalar que Freud hizo

conocer bien el griego y leer a los clásicos en el original; y entre los cinco cursos o seminarios , que tomó Brentano fue uno de Lógica y al menos uno en la filosofía de kEl Aristotlei (Bernfeld , 1951). Si Freud recibió ningún entrenamiento formal en la metodología , el

filosofía crítica de la ciencia , fue con el filósofo aristotélico - psicólogo

Brentano . No he encontrado en cualquier parte de las obras de Freud cualquier
referencia a la Retórica de Aristóteles
o cualquier evidencia directa de que él lo sabía ; lo mejor que puedo hacer es ofrecer a
estos trozos de
pruebas circunstanciales (o, como Aristóteles lo habría dicho , para hacer un
argumento de
signos). Es, pues , posible que Freud era de esta manera una presentación a los
dispositivos de la retórica
y el razonamiento probabilístico enthymemetic o como instrumentos legítimos de
inguiry en
asuntos empíricos . Su rechazo de la especulación , el sistema deductivo exacta - un
edificio podrá
indican que estaba aceptando la dicotomía aristotélica entre exacta (o matemática)
y la verdad probable y la decisión de trabajar en el mundo real y aproximada en que la
retórica
era el medio idóneo para acercarse a una única verdad relativa.
La manera en que yo he puesto este punto de vista desdibuja deliberadamente una
distinción bien, pero importante
entre dos tipos de probabilismo : el de la retórica , en la que los medios técnicos de

razonamiento plausible, se utilizan para mejorar en la mente del oyente lo subjetivo
probabilidad de que la tesis de la que habla es cierto; y el de la ciencia escéptica
moderna, que
utiliza los métodos más exactos y rigurosos posibles para medir la probabilidad de un
thesise
es decir, la cantidad de confianza que puede tener que es una buena aproximación a
una realidad
que sólo es posible acercarse asintóticamente . Para los primeros, la prueba es el
establecimiento de
creencia ; para el segundo, la verificación es el rechazo de una hipótesis nula
seguramente falsa y la
la aceptación temporal de una alternativa como la mejor disponible en el momento. No
lo hago
creen que Freud vio esta distinción con claridad ; en todo caso, él no escribió como si
pensara
en estos términos.
Seguramente era un excelente retórico , si era consciente o no. Era un maestro de
todos sus cinco partes , de las que hemos discutido hasta ahora principalmente a los
aspectos de la primera , la invención, que incluye los medios de prueba : prueba directa ,
la argumentación de las pruebas , y los medios indirectos de la persuasión por la fuerza
del personal impresión o presencia (ethos) o por kEl emoción que es capaz de
despertar en sus apelaciones verbales, sus gestos, etc i (pathos) (Kennedy , 1963 , p .
10) . La excelencia de Freud en el ethos y pathos , y en los dos últimos de la partes , la
memoria y la entrega, es descrito por Jones :

Fue profesor fascinante. Las conferencias siempre se deja iluminar por su humor irónico peculiar. . . . Él siempre utiliza una voz baja , tal vez debido a que podría llegar a ser bastante dura si tensa , pero habló con la máxima distinción. Nunca usó las notas , y rara vez hizo una gran preparación para una conferencia. . .

El biógrafo de adoración continúa afirmando que Khe nunca utilicé la oratoria, i pero parece

se utiliza el término en el sentido moderno como sinónimo de grandilocuencia , lo que sin duda no era

lo que significaba que los antiguos griegos. ¿Qué descripción transmite de Jones es un tipo muy eficaz de

presencia personal . Freud

hablado íntimamente y conversacional . . . Uno sentía que se dirigía a nosotros personalmente . . . No había ningún atisbo de condescendencia en ella , ni siquiera un indicio de un maestro. El público se supone que constará de personas muy inteligentes a quienes él deseaba comunicar algunas de sus recientes experiencias. . . (Jones , 1953 , p . 341f .)

Con respecto a las dos partes restantes de los cinco aristotélica - división de parte de la retórica, la disposición y el estilo, mucho se podría escribir , pero sería la zanja en la crítica literaria. Los griegos analyled estilo evaluativo en términos de las cuatro virtudes de la corrección, la claridad, la ornamentación, y decoro ; Me limitaré a grabar mi impresión de que Freud ganaría las mejores calificaciones en todos estos aspectos. Freud se enorgullecía de haber celebrado al margen de la polémica peleas de la polémica . Sólo una vez , dice con cierto orgullo en su Autobiografía (1925) , ¿se respondió directamente un crítico , en 1f94 . Sin embargo, es obvio que él escribió en un ánimo polémico gran parte del resto de su vida , siempre con la conciencia de que el lector puede ser hostil . Él fue explícito al respecto en muchas cartas a sus seguidores. Por ejemplo, para Jung en 1909 :

No podemos evitar las resistencias , así que ¿por qué no decir desafiarlos en onces En mi opinión ataque es la mejor defensa . Tal vez usted subestima la intensidad de estas resistencias cuando esperas para contrarrestarlos con pequeñas concesiones. (tuoted en Jones , 1955 , p . 436)

Y para Pfister dos años más tarde :

Es casi imposible tener un debate público sobre el psicoanálisis ; uno no tiene puntos en común y no hay nada que hacer frente a las emociones que están al acecho . El movimiento tiene que ver con la profundidad , y los debates sobre la que debe permanecer como infructuosa como las disputas teológicas en el momento de la Reforma. (Jones , 1955 , p . 450f .)

Sintiendo esta fuerza, Freud no podía haber hecho otra cosa que abordar la tarea de la exposición como uno de los argumentos . Lo amaling es que el espadachín verbal calificada dejar el científico en Freud tiene la palabra tanto como él did.7

RESUMEN
Y ahora permítanme volver al estilo cognitivo en su sentido técnico contemporáneo. Como Klein
lo usa , un estilo cognitivo characteriles una persona y su forma de procesamiento unigue
información. Hay , por supuesto , las similitudes entre las personas en estos aspectos, y la
dimensiones en la que los estilos cognitivos pueden analyled se llaman control cognitivo
principios . (La declaración más casi definitiva de los principios descubiertos por Klein y
sus colaboradores están contenidos en la monografía de Gardner, Hollman , Klein, Linton , m
Spence, 1959.)
Hemos visto que Freud tenía , en un grado inusual , una tolerancia a la ambigüedad y inconsistencia. Lo necesitaba . Como argumenté en secciones anteriores , por encima , su pensamiento siempre se
colocar en el contexto de conflictos generalizados . En el primero de ellos , tierno - mente , especulativa ,
de ancho - que van y fantasylike pensar que deriva de la Naturphilosophie se enfrentó contra
la fisiología fisicalista disciplinado de sus maestros venerados . El segundo conflicto conjuntos involucrados de proposiciones acerca de la realidad y de los seres humanos y, en general , dos
oponerse a las visiones del mundo , a una imagen mecanicista humanística y de maneone artística, literaria ,
y filosófica , la otra basada en un ideal de reduccionista de la ciencia y su promesa de progreso a través de la objetividad y el rigor . Por otra parte , los enfrentamientos modelo metapsicológicos de Freud

7 Como breve ecológica a un lado, me gustaría sugerir que Freud podría haber sido menos de un luchador en su
escrito si él había trabajado en la seguridad de protección de una posición académica . Su cátedra preciosa hizo
No transporte ni la tenencia de un salario ; Freud opera siempre de la situación expuesta y solitaria de privado
práctica.

en muchos puntos cruciales con la realidad; por lo que un nuevo conflicto se produjo entre un conjunto de

Supuestos básicos de orientación de Freud y su creciente conocimiento de los hechos sobre

comportamiento .

Debido a todos estos conflictos , creo que tenía que operar en su forma característica suelto - forma articulada . Si hubiera tenido la necesidad compulsiva de claridad y coherencia, probablemente habría tenido que tomar decisiones y resolver sus conflictos intelectuales . Si hubiera seguido el camino de la fuerza - la ciencia de nariz , él habría sido el prisionero de los métodos y las hipótesis que aprendió en su escuela de medicina y su laboratorieseanother , más dotado Exner , que podría haber escrito una serie de libros excelentes neurológicos como la uno sobre la afasia , pero que probablemente se habrían emulado sus contemporáneos cautelosos en la dirección clara de los pacientes histéricos . Y si él había dado la espalda a los esfuerzos en la disciplina científica y había abierto las puertas a su inventiva especulativa , podríamos haber tenido una racha de Naturaleza - ensayos filosóficos , pero nada como el psicoanálisis ; o si el humanista en él con decisión se había ganado a la mecanicista , podría haber escrito novelas brillantes , pero nunca han hecho sus grandes descubrimientos .

Pero debido a que Freud fue capaz de mantener un pie en el arte y una ciencia, porque podía

cómodamente mantener la seguridad de un modelo heredado de autoridades respetadas sin su

totalmente lo cegó a los aspectos de la realidad para la que no tenía lugar , pudo ser extraordinariamente creativo. Originalidad productivo en ciencia implica una dialéctica de la libertad

y el control , la flexibilidad y el rigor , la especulación y la auto - comprobación crítica. Sin algún

distensión de las cadenas de la caja fuerte, convencional, secundaria - proceso de pensamiento , no cabe

originalidad ; Pegasus tiene que tener la oportunidad de levantar el vuelo . Pero la liberación por sí sola no es suficiente. si

flexibilidad no va acompañada de la disciplina , se convierte en la fluidez, y luego tenemos un visionario, un Phantast (como Freud llamó una vez a sí mismo y Fliess) en lugar de un científico. Era simplemente esto que Freud temía en sí mismo. Las ideas atrevidas pero fructíferos deben ser ordenadas por los meramente atrevidas o positivamente descabellados ; penetraciones deben ser revisados cuidadosamente ; nuevos conceptos deben trabajarse en una estructura de las leyes para que se ajusten sin problemas, contrafuertes y ampliar el edificio . Todo esto tiene una actitud que es la antítesis del anterior , uno más estrictamente creativo. Se está haciendo una gran cantidad de un hombre , por lo tanto , que sea hábil en los dos tipos de pensamiento y capaz de cambiar apropiadamente entre el papel de soñador a la de crítico . Tal vez

esa sea una de las razones que tenemos tan pocos verdaderamente grandes científicos .
Esta primera característica importante del estilo cognitivo de Freud es llamativo que recuerda a la
principio de control cognitivo llamado por Klein y sus asociados tolerancia a la inestabilidad o
para experiencias realistas. sujetos khTolerant ' pas comparación con onesq intolerantes parecían en
contacto egually adeguate con la realidad externa , pero eran mucho más relajado en su
aceptación de ambas ideas y organılations perceptuales que reguired desviación de la convencional " (Gardner et al . , 1959 , p . 93) . Es un tipo relajado e imaginativa de la mente,
oposición a la clase que se aferra rígidamente a una realidad literalmente interpretado.
Y Freud (1933)
fue inusualmente dispuesto a considerar hipótesis parapsicológicos que van más allá conceptos científicamente convencionales de la realidad. La telepatía es guite literalmente un kunrealistic
experience.i
Si Freud fue tolerante con la ambigüedad, inconsistencia , la inestabilidad, y poco realista
experiencias , hubo una similar - que suena estado que no podía tolerar :
de sentido , la suposición de que un proceso estocástico o que era un fenómeno

producido a causa del error aleatorio . Sin duda, esta actitud le llevó en ocasiones a overinterpreting de datos y la lectura de meaningeespecially dinámico o de motivación comportamiento meaningeinto injustificadamente . Pero también estimuló sus descubrimientos básicos, como
la del proceso primario y la interpretación de los sueños, neurótico y psicótico síntomas .
Vamos a ver si los cinco restantes dimensiones descritas por Gardner, Hollman , Klein, Linton, y Spence no forman un marco útil para summariling manera de Freud de pensar . Sin duda , parece probable que Freud fue campo Para fuertemente - independiente. Inner ---
dirigida seguramente era , y Graham (1955) ha mostrado una conexión entre empírica Riesman de (1950) y de Witkin (1949) conceptos. Aquí está la Gardner et al. Descripción de
el tipo de persona que es el campo - independentenot marcadamente dependientes del campo visual
para la orientación a los perfectos, que se characteriled por k (a) la actividad en el tratamiento de la
medio ambiente; (b) . . . Hinner vida ' y el control efectivo de los impulsos , con baja ansiedad ; y (c)

alta auto - estima , incluyendo confianza en el cuerpo y un cuerpo relativamente adulto
- imagen . i Se
suena mucho al igual que Freud , con la posible excepción de su ambivalente y más
actitud hipocondríaca hacia su bodyekpoor Konrad , i como él irónicamente llamó.
Linton
(1955) ha demostrado , además, que el campo - personas independientes son poco
susceptibles al grupo
influencia , sin duda el caso de Freud.
En su preferencia por un pequeño número de motivación muy ampliamente definido
conceptos , Freud parece haber tenido un amplio rango de equivalencia . Y en la
dimensión de Klein de
flexibles versus control contraen , Freud seguramente haber marcado más de la
extremo flexible . ¿No era él krelatively cómodo en situaciones que involucraban
contradictorias o

señales intrusivos . . . No overimpressed con un organilation estímulo dominante si . . .
otra parte del campo pwasq más appropriateis Y seguramente no KDID tienden a
suprimir la sensación y otra cues.i interno Esta es la descripción de la flexibilidad - (. .
Gardner et al, 1959 , p 53f .) sujeto controlado.
Las otras dos dimensiones de control cognitivo parecen menos relevantes. Escaneo
(frente a
centrándose) como una manera de utilizar la atención parece sugerir la forma Freud
asistió a su
pacientes , pero es gualitatively diferente . La exploración se acompaña de la
capacidad de
concentrarse en lo que es importante , pero a costa de aislamiento del afecto y
overintellectualilation ; no es tanto de forma pasiva relajó asistir como un inquieto
itinerancia
buscar todo lo que pueda ser útil . Y hasta donde yo puedo determinar , Freud no era
ya sea un nivelador o un afilador ; él ni habitualmente distinciones borrosas y
simplificada
ni era especialmente atento a las diferencias finas y siempre al acecho de pequeños
cambios en
situaciones .
Es justo concluir , creo, de que algunos de estos principios de control cognitivo parecen
guite apto y útil, aunque una buena parte del sabor de unigueness de Freud como
pensador es
pierde cuando las aplicamos a él. Además , un par de otros aspectos del estilo
cognitivo
se han sugerido como characteriling Freud . Kaplan (1964) comienza una discusión
general sobre
el estilo cognitivo de los científicos del comportamiento así: k . . . pensamiento y su
expresión son, sin duda

no totalmente sin relación entre sí , y cómo los hallazgos científicos están formulados
para
incorporación en el cuerpo de conocimientos a menudo refleja los rasgos estilísticos del
pensamiento
detrás themn (p. 259) . Él pasa a describir seis estilos principales , y menciona a
Freud en
relación con los dos primeros de ellos : la literaria y los estilos académicos . El literaria

estilo a menudo se ocupa de las personas , interpretado klargely en términos de lo
específico
propósitos y perspectivas de los actores , en lugar de en términos de lo abstracto y
general.
categorías de propio esquema explicativo del científico . . . Los estudios de Freud sobre
Moisés y
Leonardo. . . exponer algo de este estilo. " El estilo académico , por el contrario , es
kmuch
más abstracto y general. . . Hay algún intento para ser más precisos , pero es verbal y
no
que operativo . Palabras comunes se utilizan en sentidos especiales , para constituir
una técnica
vocabulario . . . . pTreatment de la DATAQ tiende a ser altamente teórico , si no , de
hecho , puramente
especulativa . El sistema se introdujo a través de grandes hprinciples ', aplicado una y
otra vez
casos específicos que ilustran la generalilation en lugar de servir como pruebas para
ello " . Kaplan
cita kessays en la teoría psicoanalítica " generalmente como ejemplos, pero confío en
que será evidente
que tan bien estas descripciones characterile y summarile gran parte de lo que he
sacado
sobre Freud .

Un decálogo para el lector de Freud

Para concluir , permítanme volver a mi declaración original que una mejor comprensión
de

Formación intelectual de Freud y el estilo cognitivo ayudarían al lector contemporáneo a
lo leído con discernimiento en lugar de confusión, y tratar de darle sustancia en forma de diez
admoniciones . Como otro decálogo , que se pueden reducir a una regla de oro : ser empático
en lugar de projectiveelearn cuáles son términos propios del hombre y lo llevan en ellos.
1 . Tenga cuidado de levantar declaraciones fuera de contexto. Esta práctica es especialmente tentador
escritores de libros de texto , críticos y polémicos de investigación - mente los psicólogos clínicos que están
más ganas de hacerlo bien a la prueba de las proposiciones que para llevar a cabo el estudio de un lento
gran corpus de la teoría . No hay sustituto para bastantes de Freud leyendo para obtener su plena
sentido , que casi nunca se expresa plenamente en un solo párrafo sobre no importa qué tan
un punto específico.
2 . No tome formulaciones extremas de Freud literalmente. Tratarlos como su forma de llamar
su atención a un punto . Cuando dice knever , i kinvariably , i kconclusively , i y similares,
siga leyendo para obtener las declaraciones gualifying y suavizantes . Recuerde que el cambio que ha tenido
colocar en la atmósfera general desde Freud escribió sus obras más importantes ; aceptación social y
respetabilidad han sustituido a los golpes y la hostilidad , lo que hizo Freud siente que el suyo era un pequeño
y solitaria voz en un desierto frío, por lo que tuvo que gritar para hacerse oír en absoluto.

. 3 Esté atento a las incoherencias ; hacer tampoco tropezar con ellos o seile en ellos con

maliciosa alegría , sino tomarlos como formulaciones dialécticas incompletas a la espera de la síntesis que el estilo cognitivo de Freud le hacía constantemente se retiró ante .

4 . Esté pendiente para el lenguaje figurativo, personificación , en particular (cosificado formulaciones de conceptos como homúnculos). Recuerde que es allí principalmente por el color , aunque lo hizo en tiempos de espera Freud extraviado a sí mismo, y que es más justa de lo que confiar principalmente en los de sus declaraciones de temas que son menos poético y dramático.

. 5 No hay que esperar definiciones rigurosas ; mira más bien por el significado de sus términos en el
formas en que se utilizan durante un período de tiempo . Y no te desanimes si encuentras una palabra ser
utilizado en un solo lugar , en su sentido corriente , literario, en otro en un sentido técnico especial
que cambia con el estado de desarrollo de la teoría . Una empresa como la Diccionario de Psicoanálisis , elaborado por un par de analistas laboriosos pero descarriados
que levantó definición - como oraciones de muchas de las obras de Freud , es completamente equivocado en
concepción y traiciona un malentendido total de estilo de Freud de pensar y trabajar .
6 . Sea benignamente escépticos sobre las afirmaciones de Freud sobre la prueba de que algo se ha establecido fuera de toda duda . Recuerde que él tenía diferentes estándares de prueba que lo hacemos hoy , que él rechazó en parte de un experimento demasiado - concepción estrecha de la misma , y en parte porque se había encontrado estilísticamente incompatible mucho antes incluso de las primeras obras de RA Fisher, y tendía a confundir una observación replicado con una teoría verificada del fenómeno en guestion .
7 . Recuerda que Freud fue overfond de dicotomías , incluso cuando sus datos fueron mejores
conceptualiled como variables continuas ; en general, no asuma que la teoría es invalidado por su se declaró gran parte del tiempo en forma metodológicamente indefendible.

f . Tenga cuidado con la persuasión de Freud. Tenga en cuenta que era un retórico de gran alcance en áreas donde su base científica era incierta . A pesar de que a menudo estaba en lo cierto , no fue siempre por las razones que dio , que son casi nunca verdad suficiente para probar su caso , y no siempre en la medida en que él esperaba . Por último , tenga especial cuidado de no gravitar hacia cualquiera de las dos posiciones extremas y egually insostenibles : es decir,
9 . No tome de Freud cada frase como una verdad profunda que puede presentar dificultades
pero sólo a causa de nuestros propios inadeguacies , nuestra dificultad para peatones en continuar con el
alza mente de un genio que no siempre se molesta en explicar los pasos que eran evidentes para
él, pero que hay que suministrar por la erudición exegética laborioso. Esta es la tentación
de los académicos que trabajan desde dentro de las instituciones psicoanalíticas , esos freudianos serios
quien, para disgusto de Freud , ya había comenzado a surgir durante su vida. Para la mayoría de nosotros
en las universidades , la tentación que corresponde es la más peligrosa:

10 . No te dejes tan ofendidos por lapsos de Freud de pureza metodológica que lo despida por completo. Casi cualquier lector puede aprender un montón enorme de Freud si escuche cuidadosamente y con simpatía y no tomar sus declaraciones demasiado en serio.

Referencias

Amacher , P. 1965 . Educación neurológica de Freud y su influencia en psicoanalítica teoría . Problemas psicológicos, 4 : Monografía No. 16.
Andersson . O. 1962 Estudios en la prehistoria del psicoanálisis : . La etiología de psyclioneuroses y algunos temas relacionados con los escritos y cartas, 1886 científicos de Sigmund Freud - 1896 . Estocolmo: Svenska Bokförlaget Norstedts .
Bernfeld , S. 1944 . Primeras teorías de Freud y de la escuela de Helmholtl .
psicoanalítico
Trimestral, 13 : 342 --- 362.
xxxxx 1951. Sigmund Freud. M.D. . 1ff2 --- 1ff5 . Revista Internacional de Psicoanálisis , 32 :
204 --- 217 .
Boring . EG 1954. Revisión de la vida kEl y obra de Sigmund Freud.n vol. I. por Ernest Jones.
Psychological Bulletin , 51 : 433 --- 437.
Breuer. J. . Y Freud. S. 1955. Estudios sobre la histeria. Standard Edition , vol. . 2 Londres :
Hogarth .
Bry , Ilse . y Rifkin . . A H. 1962 Freud y la historia de las ideas : las fuentes primarias. 1ff6 --- 1910.
En Ciencia y Psicoanálisis , vol. V. , ed. J.H. Masserman . Nueva York : Grune m Stratton .
Chein . I. 1972 . La ciencia de la conducta y la imagen del hombre . Nueva York : Basic Books.
Cranefield . P. F. 1957. La física orgánicos de 1F47 y la biofísica de hoy. journal of Historia de la Medicina , 12 : 407-423 .
Culbertson, J.T. 1963 . Las mentes de robots . Urbana : University of Illinois Press.
Darwin. C. (1f59) Sobre el origen de las especies. Cambridge : Harvard University Press. 1964 .
Ellenberger . H. F. 1956. Fechner y Freud. Boletín de la Clínica Menninger , 20 : 201-214 .

. xxxxx 1970 El descubrimiento del inconsciente ; la historia y evolución de la psiquiatría dinámica.
Nueva York : Basic Books.
Freud. S. (1F95) Proyecto para una psicología científica. Standard Edition , vol. . 1
Londres :

Hogarth Press, 1966 .
xxxxx (1f96) La etiología de la histeria . Standard Edition . Vol. . . 3 London : Hogarth . .
1.962 xxxxx (1ff7 - 1902) Los orígenes del psicoanálisis. Nueva York : Basic Books. 1954.
xxxxx (1900) La interpretación de los sueños. Edición Estándar, Vols. . 4 m 5 London : Hogarth .
1953.
xxxxx (1901) La psicopatología de la vida cotidiana. Standard Edition . Vol. . . 6
Londres :
Hogarth . 1960 .
xxxxx (1905a) El chiste y su relación con el inconsciente. Standard Edition , vol. f .
Londres :
Hogarth, 1960 .
xxxxx (1905b) Tres ensayos sobre la teoría de la sexualidad. Standard Edition , vol. . 7
London :
Hogarth, 1953.
xxxxx (1905c) Fragmento de un análisis de un caso de histeria . Standard Edition , vol. .
7 London :
Hogarth, 1953.
xxxxx (1906) Mis puntos de vista sobre el papel de la sexualidad en la etiología de las neurosis .
Standard Edition , vol. . 7 London : Hogarth, 1953.
xxxxx (1912a) Recomendaciones a los profesionales en ejercicio psico - análisis .
Standard Edition ,
Vol. . . 12 Londres : Hogarth , 195F .
xxxxx (1912b) Una nota sobre el inconsciente en psico - análisis. Standard Edition ,
vol. 12 .
London: Hogarth, 195F .
xxxxx (1913) Tótem y tabú. Standard Edition , vol. . 13 London: Hogarth, 1955.
xxxxx (1914) El narcisismo : Una introducción . Standard Edition , vol. 14 London : .
Hogarth,
1957.
xxxxx (1915a) Los instintos y sus vicisitudes . Standard Edition , vol. 14 London : .
Hogarth,
1957.

xxxxx (1915b) Represión . Standard Edition , vol. . 14 London : Hogarth . 1957.

xxxxx (1915c) El inconsciente . Standard Edition , vol. . 14 London : Hogarth, 1957.

xxxxx (1916-1917) conferencias introductorias sobre psico - análisis . Edición Estándar, Vols. 15 m 16 .

London: Hogarth, 1963 .

xxxxx (1917) Duelo y melancolía . Standard Edition , vol. . 14 London : Hogarth, 1957.

xxxxx (1920) Más allá del principio del placer . Standard Edition , vol. 1f . Londres : Hogarth ,
1955.

psicología xxxxx (1921) del Grupo y el análisis del yo . Standard Edition , vol. 1f .
London: Hogarth, 1955.

xxxxx (1923) El yo y el ello . Standard Edition , vol. . 19 London: Hogarth, 1961 .

xxxxx (1925) Un estudio autobiográfico. Standard Edition , vol. . 20 London : Hogarth, 1959.

xxxxx (1926a) Inhibición, síntoma y angustia . Standard Edition , vol. . 20 London : Hogarth, 1959.

xxxxx (1926b) El guestion del análisis lego. Standard Edition , vol. 20 London : . Hogarth,
1959.

xxxxx (1927) El futuro de una ilusión. Standard Edition , vol. . 21 London: Hogarth,
1961 .

xxxxx (1930) Civililation y sus descontentos . Standard Edition , vol. 21 London: . Hogarth,
1961 .

xxxxx (1933) Nuevas conferencias introductorias sobre psico - análisis . Standard Edition , vol. 22 .

London: Hogarth, 1964 .

xxxxx (1934 - 3f) Moisés y el monoteísmo : tres ensayos. Standard Edition , vol. . 23 London:
Hogarth, 1964 .

xxxxx (1940) Un esquema de psico - análisis. Standard Edition , vol. 23 London: . Hogarth,
1964 .

xxxxx (1960) Cartas de Sigmund Freud. E. L. Freud . Nueva York : Basic Books.

Galdston , I. 1956. Freud y la medicina romántica. Boletín de la Historia de la Medicina , 30: 4F9 -
507 .

Gardner , RW, Hollman , PS, Klein , GS, Linton, Harriet B., y Spence , DP 1959.
El control cognitivo , un estudio de consistencias individuales en la conducta cognitiva.
Cuestiones psicológicas , 1 , Monografía N º 4 .

Genung , JF 1900 . Los principios de trabajo de la retórica. Boston : Ginn .

Graham , Elaine . 1955 Interior - dirigida y otros - actitudes dirigidas . doctoral inédita tesis , la Universidad de Yale

Holt, RR 1961 . Juicio clínico como inguiry disciplinada . Journal of Nervous y Mental

Enfermedades, 133: 369 --- 3f2 .

xxxxx 1962 . Un examen crítico del concepto de Freud de la cota vs investidura libres. journal of
la Asociación Psicoanalítica Americana , 10 : 475-525 .

. xxxxx 1963 Dos influencias en el pensamiento científico de Freud : un fragmento de la propiedad intelectual
biografía . En el estudio de la vida , ed . R. Blanco . Nueva York : Atherton Press.

. xxxxx 1964 Imagery : el regreso del ostraciled . American Psychologist , 194: 254 --- 264.

1965a xxxxx . Una revisión de algunos de los supuestos biológicos de Freud y su influencia en su
teorías. En Psicoanálisis y pensamiento biológico actual , ed. N. Greenfield y W. Lewis . Madison : University of Wisconsin Press.

xxxxx 1965b . Estilo cognitivo de Freud. Americana Imago , 22 : 167 --- 179.

xxxxx 1967 Más allá de vitalismo y mecanismo : . concepto de la energía psíquica de Freud. En la Ciencia
y el psicoanálisis , ed. J. H. Masserman . Vol. . wl , Nueva York: Grune m Stratton.

xxxxx 196f . Freud , Sigmund . Enciclopedia Internacional de las Ciencias Sociales , vol. 6 . Nueva
York: Macmillan, The Free Press.

1972a xxxxx . Imágenes mecanicistas y humanistas de Freud del hombre. En Psicoanálisis y
la ciencia contemporánea , ed. R. R. Holt y E. Peterfreund . Vol. . I. Nueva York: Macmillan

xxxxx 1972b . Sobre la naturaleza y la generalidad de las imágenes mentales . En la función y la naturaleza de los
imágenes, ed. P. W. Sheehan. Nueva York : Academic Press .

Hunter , RA, y Macalpine , I., eds . 1963 Trescientos años de psiquiatría, 1535-1860 : . Un
la historia presentada en textos ingleses seleccionados. London: Oxford University Press.

Jackson , SW 1969 . La historia de los conceptos de Freud de regresión. Diario de la American
Asociación Psicoanalítica , 17 : 743 - 7F4 .

Jones , E. 1953 , 1955 , 1957. La vida y obra de Sigmund Freud , Vols. I, II, III m . Nueva York :
Basic Books .

Kaplan , A. 1964 . La conducta de investigación. San Francisco : Chandler.

Kennedy , G. 1963 . El arte de la persuasión en Grecia. Princeton : Princeton University Press.

Klein , GS 1951. El mundo personal a través de la percepción. En Percepción: Una aproximación a la personalidad, ed. R. R. Blake y G. V. Ramsey . Nueva York, Ronald Press.

xxxxx 1970 . Percepción , motivos y personalidad. Nueva York: Knopf .

Linton, Harriet B. 1955 La dependencia de la influencia externa : . Correlaciona en la percepción, las actitudes y el juicio. Journal of Abnormal Psychology y Social , 51 : 502-507 .

McBurney , JH 1936. El lugar del entimema en la teoría retórica . Discurso Monografías , 3 : 49 — 74 .

Nunberg , H. (1931) La función sintética del yo. En la práctica y la teoría de psicoanálisis. Nueva York : m Nervioso Enfermedades Mentales Publishing Co., 194f , i20 pp - 136 .

Rapaport , D. 1959 La estructura de la teoría psicoanalítica : . Un intento systematiling . en Psicología: Un estudio de una ciencia , vol. 3 , ed. S. Koch . Nueva York: McGraw --- Hill.

xxxxx y Gill , MM 1959. Los puntos de vista y suposiciones de la metapsicología . International Journal of Psycho - Análisis, 40 : 153-162 .

Riesman , D. 1950 . La muchedumbre solitaria . New Haven : Yale University Press.

Spehlmann , R. 1953 Sigmund Freud Neurologische Schriften : . Eine Unter - zur suchung Der Vorgeschichte Psychoanalyse . Berlin : Springer Verlag . (Resumen Inglés por H. Kleinschmidt en la Encuesta Anual de Psicoanálisis , 1953 , 4: 693-706) .

Witkin , HA 1949. Percepción de la posición del cuerpo y de la posición del campo visual. Psicológicos Monografías , 63 . (7 . Total N º 302) .